어린이 사회 형사대 CSI ①

CSI 탄생의 비밀

어린이 사회 형사대 CSI ❶

초판 1쇄 인쇄 | 2015년 1월 2일
초판 1쇄 발행 | 2015년 1월 9일

지은이 | 고희정
그린이 | 송진욱
감 수 | 김봉수 배성호

펴 낸 곳 | (주)가나문화콘텐츠
펴 낸 이 | 김남전
편 집 장 | 유다형
책임편집 | 임순지
편   집 | 이정순 장효선 김경미
디 자 인 | 김명희 유정희
마 케 팅 | 정상원 조정경 한웅 김태용 정용민
관   리 | 임종열 김다운
인쇄·제책 | (주)백산하이테크

출판 등록 | 2002년 2월 15일 제10-2308호
주   소 | 서울시 마포구 성암로 330 DMC첨단산업센터 5층 510, 511호
전   화 | 02-717-5494(편집부) 02-332-7755(관리부)
팩   스 | 02-324-9944
홈페이지 | www.anigana.co.kr
이 메 일 | admin@anigana.co.kr

ⓒ 고희정, 2015

ISBN 978-89-5736-686-8   (74300)
     978-89-5736-685-1   (세트)

* 가나출판사 카페에서 〈어린이 사회 형사대 CSI〉 시리즈에 관한 의견이나 새로운 사건에 대해 재미있는 아이디어를 주세요.
  채택되신 분께는 감사의 선물을 드립니다. 사회 교과 연계에 대한 자세한 내용도 확인하실 수 있습니다.
* 책값은 뒤표지에 표시되어 있습니다.
* 이 책의 내용을 재사용하려면 반드시 저작권자와 (주)가나문화콘텐츠 양측의 동의를 얻어야 합니다.
* 잘못된 책은 바꾸어 드립니다.
* '가나출판사'는 (주)가나문화콘텐츠의 출판 브랜드입니다.

이 도서의 국립중앙도서관 출판시도서목록(CIP)은 서지정보유통지원시스템 홈페이지(http://seoji.nl.go.kr)와
국가자료공동목록시스템(http://www.nl.go.kr/kolisnet)에서 이용하실 수 있습니다.(CIP제어번호: CIP2014033188)

어린이 사회 형사대 CSI ①

 CSI 탄생의 비밀

글 고희정 | 그림 송진욱
감수 및 학습글 김봉수 배성호(전국초등사회교과모임 공동 대표)

가나출판사

등장인물

고영웅
(일반 사회 형사)

궁금한 것도, 참견할 것도 많은 오지랖 넓은 아이. 친구를 위해, 이웃을 위해 이 한 몸 바치려다 보니 너무 바빠 공부는 살짝 소홀하지만 그래도 사회 과목만큼은 좋아하고 꽤 잘한다.

경제인
(경제 형사)

사리분별 뚜렷하고 뭐든지 돈으로 따지는 계산적인 아이. 말끝마다 '공짜로?'라는 말을 달고 살아 별명은 '경짜로'다. 장래 희망이 돈을 많이 버는 것이기 때문에 경제에 관심이 많다.

백두산
(지리 형사)

부모님을 따라 대한민국 방방곡곡 안 가 본 데가 없는 여행 마니아. 취미는 지도 그리기, 장래 희망은 여행 작가. 그래서 지리를 잘 알고 재미있어한다. 자유로운 영혼을 가진 아이로 덩치만 큼 마음도 넓고, 힘도 세고, 뭐든지 솔선수범하는 스타일이다.

문화재
(역사 형사)

큰 키와 짧은 머리, 낮은 목소리. 얼핏 보면 남자아이 같지만 종갓집 무남독녀 외동딸이다. 유서 깊은 집안의 영향으로 역사에 관심이 많아 장래 희망은 문화재 연구원이다. 말수는 적지만 언제나 바른 말만 한다.

그 외 등장인물

이상해 형사

영웅이 엄마

영웅이 아빠

고사리(영웅이 여동생)

고민자(영웅이 고모)

차례

못말리는 영웅 6

사건 1 진짜 영웅이 되다! 12
핵심 학습 주제 – 공공 기관
영웅이가 들려주는 사건 해결의 열쇠 50

사건 2 해피를 찾아 줘 56
핵심 학습 주제 – 지도
두산이가 들려주는 사건 해결의 열쇠 92

사건 3 지도에 숨은 암호 98
핵심 학습 주제 – 삼국 시대의 전성기
하재가 들려주는 사건 해결의 열쇠 134

사건 4 용의자가 이상해 138
핵심 학습 주제 – 금융과 금융 기관
제인이가 들려주는 사건 해결의 열쇠 176

CSI, 스승을 만나다 180

- 특별 활동 : CSI, 함께 놀며 훈련하다! 186

- 찾아보기 및 정답 196

진짜 영웅이 되다!

이상하다. 어제는 보건소, 오늘은 우체국.
둘 다 밤 12시가 넘은 시간에 불이 났다.
혹시 동일 인물의 범행이 아닐까?
'우리 동네를 불바다로 만들 생각인가?
아님 이유가 뭐지?'

바쁘다, 바빠

"야, 밀지 마."

"안 밀었거든."

아침 자습 시간. 앞뒤로 앉은 수영이랑 창민이가 또 자리다툼을 벌였다. 이쯤 되면 언제, 어디서나 나타나는 아이가 있다. 바로 고영웅.

학교에서도 영웅이의 오지랖은 유명하다. 본인이 없으면 학급이 제대로 돌아가지 않는다고 생각하니 잠시도 쉴 틈이 없다. 다행히 그 오지랖 덕분에 인기는 좀 있다. 성적은 그저 그래도 4학년 1반 반장이다.

"잠깐! 싸우지 말고 이렇게 하자."

그러더니 자를 꺼내는 영웅이. 아이들은 또 뭘 하려나 궁금해하며 지켜보았다. 영웅이는 수영이와 창민이네 분단 아이들이 앉아 있는 간격을 쭉 재더니 말했다.

"보통 앞뒤 간격이 30센티미터 정도 되거든. 그러니까 싸우지 말고 너희도 그만큼 떨어져 앉는 거야. 어때?"

수영이가 먼저 동의했다.

"좋아, 난 찬성!"

창민이도 마지못해 동의했다.

"그래, 나도 찬성!"

보고 있던 아이들이 엄지손가락을 세우며 말했다.

"역시 반장! 반장 최고!"

영웅이는 쑥스러운 듯 머리를 긁적였지만 한편으론 뿌듯했다. 학급을 위해, 아이들을 위해 최선을 다하는 반장. 멋지지 않은가!

잠시 후 수업이 시작됐다. 영웅이도 자리로 돌아가 바르게 앉았다. 그런데 하필이면 영웅이가 제일 어려워하는 수학 시간. 시간이 갈수록 점점 딴생각이 들기 시작했다.

'정민이 머리 잘랐네. 쉬는 시간에 예쁘다고 해야지. 인수는 새로 산 티셔츠 입었네. 아까는 왜 몰랐지?'

그때였다.

"고영웅!"

선생님이 부르는 소리에 영웅이가 퍼뜩 정신을 차렸다. 벌써 여러 번 부르셨는지 선생님 얼굴이 굳어 있었다. 딴생각에 빠져 있느라 못 들었던 것이다. 영웅이가 얼른 대답했다.

"네?"

"나와서 문제 풀어 봐."

이런! 큰일이다. 영웅이의 얼굴이 빨개지고, 여기저기서 키득거리는 소리가 났다. 영웅이는 일단 칠판 앞으로 나갔지만 눈앞이 깜깜했다. 뭘 알아야 풀지. 할 수 없이 자진 신고했다.

"선생님, 잘 모르겠어요."

"품!"

영웅이의 말이 끝나자마자 제일 앞에 앉은 제인이가 웃음을 터뜨렸다. 그러자 다른 아이들도 대놓고 웃기 시작했다.

"푸하하하!"

영웅이는 제인이를 째려봤다. 하지만 모른 척하며 고개를 돌리는 제인이. 정말 얄밉다. 선생님이 말했다.

"조용! 고영웅, 그러니까 수업에 집중해야지."

"죄송합니다."

"들어가고 쉬는 시간에 상담실로 와."

곧이어 종소리가 울리고 영웅이는 마치 도살장에 끌려가는 소처럼 축 처져서 상담실로 갔다.

'윽. 어떡하지? 엄마한테 또 전화하시면 안 되는데……'

그런데 선생님은 뜻밖의 질문을 했다.

"요즘 상희가 기분이 별로 안 좋아 보이는데 왜 그런 줄 아니?"

잔뜩 긴장했던 영웅이는 십년감수한 기분이었다. 그리고 어제 아침의 일이 생각났다. 교실에 들어오는 상희를 보니, 기분이 안 좋은 것 같아 물었었다. 무슨 일 있냐고. 그러자 상희는 키우는 강아지가 아파서 걱정이라고 했다. 영웅이는 곧 괜찮아질 테니 걱정 말라고 위로했었다.

영웅이가 어제 일을 말씀드리자 선생님은 안심한 표정으로 말했다.

"그랬구나! 고맙다, 고영웅. 가 봐."

살았다 싶었다. 그런데 인사를 하고 막 상담실을 나서려는 순간.

"고영웅!"

선생님이 다시 불렀다. 그리고 무서운 얼굴로 말했다.

"수업 시간에 못 푼 문제 다 풀어서 가져와. 내일까지!"

"네."

그래도 이 정도면 다행이다. 엄마한테 전화는 안 하겠다는 뜻이니 말이다. 사실 영웅이가 오지랖이 넓은 데는 엄마, 아빠의 영향이 크다. 동네 반장인 엄마는 동네일에 대해 모르는 게 없고 온 동네를 다니며 해결사 역할을 하신다. 아빠는 공무원으로 구청 민원실에서 근무하시니 직업상으로도 동네일에 솔선수범할 수밖에 없다. 그러니 영웅이가 오지랖이 넓은 건 어쩌면 당연한 일인지도 모른다.

그런 생각을 하며 교실로 가는데, 복도에서 제인이가 기다렸다는 듯 물었다.

"쌤한테 혼났지? 그럴 줄 알았어."

아, 경제인! 정말 징그러운 아이다. 1학년과 3학년 때 같은 반이었고 이번 4학년에도 같은 반이 됐으니, 친한 친구이기도 하지만 서로 으르렁대는 앙숙이기도 하다. 아까도 제일 먼저 웃었던 아이가 바로 경제인이 아니던가! 마음 같아서는 다신 아는 척하고 싶지 않지만 그럴 수가 없다. 어쨌든 숙제는 해야 하니까.

제인이는 공부를 참 잘한다. 반뿐만 아니라 전교에서도 항상 1등이다. 솔직히 다른 아이에게 가르쳐 달라고 부탁하고 싶지만 명색이 반장인데 물어보기가 부끄러웠다. 제인이야 이미 자신의 모든 것을 다 알고 있으니 더 이상 창피할 것도 없다. 영웅이가 애써 웃으며 말했다.

"제인아, 아까 그 문제 좀 가르쳐 줘. 선생님이 풀어 오라고 하셔서."

말이 끝나자마자 제인이가 대뜸 물었다.

"공짜로?"

이 말이 왜 안 나오나 했다. 제인이는 이름에 '경제'가 들어가서 그런지 손해 보는 일은 절대 안 한다. 아주 작은 일이라도 도와 달라고 하면 제일 먼저 나오는 말이 "공짜로?"다. 그래서 별명이 '경제인'과 '공짜로'를 합친 '경짜로'다. 당연히 공짜로 해 주는 일은 없다.

"에이, 공짜일 리가. 이따 집에 갈 때 책가방 들어 줄게."

하지만 제인이가 고개를 저으며 말했다.

"싫어. 그것 때문에 너랑 나랑 사귄다고 소문났었잖아. 절대 싫어."

그건 영웅이도 절대 싫다. 하지만 그렇게 말할 수는 없었다. 그때 아침에 엄마가 하신 말씀이 생각났다.

"수업 끝나면 제인이 데려와라. 밑반찬 몇 가지 해 놨으니까."

제인이는 할머니랑 둘이 사는데, 할머니가 구청에서 청소하는 일을 하셔서 영웅이네 아빠랑 잘 안다. 그래서 영웅이 엄마가 가끔 밑반찬을 만들어 보내곤 했다. 영웅이가 신 나 말했다.

"그럼 끝나고 우리 집에 가자. 밑반찬 줄게."

마치 자기가 주는 것처럼 말했지만 제인이가 눈치 못 챌 리 없다.

"아주머니가 밑반찬 가져가라고 하셨구나?"

영웅이는 할 말이 없었다. 그렇다면 다른 거 뭘 바쳐야 수학 문제를 가르쳐 주려나 싶었는데, 제인이가 인심 쓰듯 말했다.

"좋아. 오늘만 공짜로 알려 줄게. 반찬값은 아주머니께 갚아야 하는 게 맞지만 넌 아주머니 아들이니까 도와주는 거야."

"정말이야? 고마워!"

조금 비굴하고 치사하지만 어쩔 수 없다. 여하튼 수학 문제는 그렇게 해결할 수 있었다.

연이은 화재 사건

그날 밤이었다. 자정이 조금 넘은 시간, 영웅이는 요란한 사이렌 소리에 퍼뜩 잠에서 깼다.

'불이다!'

벌떡 일어나 창문을 열었지만 소방차는 안 보이고 점점 멀어져 가는 사이렌 소리만 들렸다.

'어디에서 불이 난 거지?'

궁금했지만 깜깜한 밤에 나가 볼 수도 없는 일. 영웅이는 내일 알아보기로 하고 다시 잠을 청했다.

다음 날, 학교에 가니 아이들이 모여 웅성거리고 있었다. 영웅이는 어젯밤에 들은 사이렌 소리가 생각나 얼른 물었다.

"어디래? 불난 데가?"

수철이가 대답했다.

"보건소라는데."

보건소라면 영웅이네 아파트에서 멀지 않은 곳에 있다. 어렸을 때 예방 접종하러 엄마랑 몇 번 가기도 했었다.

"왜 불이 났대?"

"그건 아직 모르지. 경찰이 수사 중이래."

수철이가 대답했다.

'그 시간이면 아무도 없었을 텐데, 어떻게 불이 난 거지?'

하지만 그 이상 아는 아이가 없었다. 영웅이는 화재의 원인이 뭔지, 혹시 누군가 일부러 불을 낸 건 아닌지 궁금해 몸이 근질근질했다. 그렇다면 방법은 하나다. 직접 가 보는 수밖에.

학교가 끝나자마자 영웅이는 곧바로 보건소로 달려갔다. 겉으로 보기에는 멀쩡해 보이는데 화재 때문에 출입을 금한다는 안내문이 붙어 있었다. 마침 수위 아저씨가 계시기에 물었다.

"아저씨, 여기 정말 불났었어요?"

"그래. 이거 보면 모르니? 불났다고 쓰여 있잖아."

"겉으로 보기엔 멀쩡한데요?"

"빨리 발견해 신고했으니까 그렇지. 그래도 화장실 하나가 다 탔어."

"그런데 불이 왜 난 거예요?"

"나야 모르지. 지금 경찰이 수사하고 있으니까 곧 밝혀지겠지."

"혹시 누가 불을 지른 건 아닐까요?"

"어린 녀석이 뭐가 그렇게 궁금한 게 많아? 집에 가서 공부나 해라."

결국 혼쭐이 나고 말았다. 정말 뭐가 그렇게 궁금한 게 많은지, 영웅이는 자기가 생각해도 참 별나다 싶었다.

집으로 돌아왔지만 영웅이의 머릿속에는 화재 사건과 화재 원인에 대한 궁금증만 가득했다. 저녁때가 되어 밥을 먹는데 마침 그 이야기가 나왔다. 엄마가 아빠에게 물었다.

"보건소엔 왜 불이 난 거래요?"

"화장실 창문이 열려 있었는데 거기로 누가 불붙은 신문지를 던졌다더라고."

그럼 방화라는 얘기다. 영웅이가 놀라 물었다.

"누가요? 왜요?"

아빠가 대답했다.

"그건 아직 모른다는데."

"그래서 많이 탔대요?"

엄마가 아빠에게 물었지만 영웅이가 저도 모르게 대답해 버렸다.

"밖에선 멀쩡해 보여도 화장실 하나가 다 탔대요."

엄마가 금방 눈치채고 물었다.

"고영웅, 너 오늘 보건소에 갔었지?"

"네? 아니, 그, 그게……."

갔었다고 말하면 혼날 게 뻔하고 그렇다고 거짓말할 수도 없고. 이 난처한 상황을 어떻게 빠져나간단 말인가. 영웅이가 당황하는 사이, 사리가 먼저 선수 쳤다.

"갔었네, 갔었어."

그러자 엄마가 버럭 소리를 질렀다.

"고영웅, 너 또!"

이럴 땐 도망가는 게 최고다. 영웅이는 후다닥 방으로 도망쳤다.

"아이고, 머리야."

"여보, 참아요, 참아. 혈압 올라."

엄마의 한숨 소리가 들렸지만 다행히 아빠가 엄마를 말려 주어 무사히 넘어갈 수 있었다.

그런데 다음 날 아침, 학교에 가자마자 영웅이의 궁금증을 자극하는 일이 또 벌어졌다.

"영웅아, 너 알아? 어젯밤에 우체국에서 불난 거?"

영웅이의 소식통 중 한 명인 민국이였다.

"뭐? 우체국에서? 언제?"

"밤 12시 좀 넘어서."

"난 사이렌 소리 못 들었는데."

밤새 곯아떨어져 못 들었나 보다. 그나저나 연이어 화재 사건이 발생

우리나라 최초의 우체국은?

1884년, 서울 종로구에 세워진 우정총국이야. 처음으로 근대식 우편 제도를 도입해 우편에 관한 일을 하기 시작했지. 하지만 얼마 못 가 폐지되었다가 지난 2012년, 128년 만에 새롭게 문을 열었어. 우리나라는 역사적으로 중요한 곳을 사적으로 지정해 보호하는데, 우정총국은 사적 213호로 지정되었어. 우리나라 우체국의 역사를 볼 수 있는 전시관이 있지.

하다니! 동네에 뭔가 큰일이 벌어지고 있는 건 아닐까?

영웅이가 물었다.

"넌 어떻게 알았어?"

"우리 아빠가 우체국장님이잖아. 몰랐어?"

으스대며 말하는 민국이. 어쨌든 그럼 정확한 정보다.

"우편물을 분류하고 보관하는 곳에 불이 나서 편지가 많이 탔대. 편지 탄 거 다 확인해서 사람들한테 연락한다고 하더라고."

이상하다. 어제는 보건소, 오늘은 우체국. 둘 다 밤 12시가 넘은 시간에 불이 났다. 혹시 동일 인물의 범행이 아닐까?

'우리 동네를 불바다로 만들 생각인가? 아님 이유가 뭐지?'

역시나 학교가 끝나자마자 영웅이의 발길은 우체국으로 향했다. 오늘도 집에 늦게 가면 혼날 줄 알면서도 궁금한 걸 도저히 참을 수 없었다. 우체국은 겉으로도 많이 탄 게 보여 꽤 큰불이었음을 짐작케 했다. 영웅이가 현장을 지키는 경찰에게 다가가 물었다.

"방화예요?"

"그런 것 같아."

진짜 영웅이 되다! 25

"불이 어떻게 난 건데요?"

"열린 창문으로 불붙은 신문지를 던졌대."

"어, 보건소 화재 사건이랑 똑같은 수법이네요! 동일범의 소행이 분명해요."

그러자 경찰이 웃음을 터뜨렸다.

"네가 형사냐? 하하하."

그때였다. 한 형사가 건물 밖으로 나오며 다른 형사들에게 명령했다.

"주변 CCTV 다 찾아보고, 근처 불량배들도 조사해 봐."
"네!"
멋져 보였다. 드라마나 영화에서 본 형사, 바로 그 모습이었다. 그런데 그때 누가 영웅이의 어깨를 탁 쳤다.
"고영웅!"
"엄마야!"
깜짝 놀라 돌아보니, 경제인이었다.
"휴! 간 떨어질 뻔했잖아."
영웅이가 안도의 한숨을 쉬자 제인이가 씩 웃으며 물었다.
"너 우체국에 불났다는 얘기 듣고 구경 온 거지?"
"아니야. 그냥 지, 지나가던 길이야."
"지나가던 길은 무슨! 집에 가는 길은 저쪽인데 왜 이쪽으로 와? 흠, 아주머니가 너 여기 있는 걸 알면 뭐라고 하시려나?"
역시 경제인은 영악하다. 영웅이는 소스라치게 놀라며 부탁했다.
"제인아, 제발 부탁이야. 비밀로 해 줘."
영웅이는 제인이를 붙들고 싹싹 빌었다. 엄마한테 한 번 더 걸리면 엄청 혼날 게 분명하기 때문이다.

진짜 영웅이 되다! 27

"공짜로?"

역시 예상한 대답이 돌아왔다. 공짜로 비밀을 지켜 줄 리가 없지. 천하의 짜로 짜로 경짜로가.

"당연히 아니지! 뭘 원하는데? 원하는 대로 다 해 줄게."

"천천히 생각해 볼게."

새침하게 돌아서는 제인이. 그때 제인이의 손에 들린 비닐봉지가 눈에 띄었다. 영웅이네 엄마에게 반찬 통을 돌려 드리러 가는 길이 분명했다.

'혹시 우리 집에 가서 엄마한테 다 이르는 거 아니야?'

영웅이는 얼른 비닐봉지를 낚아채며 말했다.

"제인아! 이거 우리 집 반찬 통이지? 내가 가져갈게."

"아니야. 감사 인사도 할 겸 내가 갖다 드릴게."

"아니야, 너 공부해야 되잖아. 걱정 말고 집에 가. 내가 대신 말씀드릴 테니까. 하하하."

물론 제인이도 영웅이의 속셈을 안다. 어쩜 그리도 속마음이 훤히 보이는지. 만만하기도 하고 귀엽기도 하다. 제인이는 빈 통을 주며 인심 쓰듯 말했다.

"좋아. 그런데 고작 이걸로 비밀 지켜 달라는 건 아니겠지?"

"그럴 리가! 네가 원하는 거 다 말하라니까."

"알았어. 생각해 볼게."

제인이가 돌아가자 영웅이는 안도의 숨을 내쉬었다. 일단 제인이가 일러바치는 건 막았고, 혹시 엄마가 왜 늦게 왔냐고 물으면 제인이네 가서 반찬 통을 가져오느라 늦었다고 둘러대면 될 것이다. 거짓말만 했다 하면 바로 걸리지만 별 도리가 없다.

그런데 집에 돌아오니 엄마가 외출하고 없었다. 영웅이는 오늘따라 운이 따라 주는 느낌이었다. 씻고 숙제를 하려고 책을 펼치다 문득 생각났다.

'아, 맞다. 도서관에서 빌려 온 책 오늘까지 반납해야 되는데. 도서관 문 닫기 전에 빨리 갔다 와야겠다.'

지난주에 대출한 동화책을 반납해야 하는데 깜빡 잊고 있었다. 영웅이는 얼른 책을 챙겨 도서관으로 갔다. 책을 반납하고 새로 읽을 책을 빌려서 나오다 1층 화장실에 들렀다.

화장실 문을 열고 들어가자, 한 남자가 화장실 창문을 조심스레 열고 있었다. 그러다 영웅이를 힐끗 보고는 손을 씻는 것이었다. 왠지 좀 이상했지만 영웅이는 별 생각 없이 볼일을 보고 집으로 돌아갔다. 그런데 우연히 스친 그 남자가 문제였다.

방화범의 꼬리를 잡다

다음 날 학교에 갔더니 아이들이 또 웅성거리고 있었다. 어젯밤에는 도서관에서 불이 났다는 것이다. 영웅이가 놀라 물었다.

"불이 시작된 곳이 어딘데?"

"1층 화장실이래."

수철이가 대답했다. 영웅이는 퍼뜩 어제 화장실에서 본 남자가 생각 났다.

'설마 어제 본 그 남자가?'

영웅이는 어제의 기억을 더듬어 남자의 인상착의를 떠올려 봤다. 나이는 20대 후반에서 30대 초반 정도. 키가 작은 편이고 청바지에 파란색 점퍼를 입고 있었다. 모자를 쓰고 있어서 얼굴은 정확히 보지 못했다. 영웅이는 낯선 사람을 꽤 잘 기억한다. 신기하게도 어릴 때부터 그랬다.

한 번 수상하다고 생각하니 점점 더 그 남자가 범인이 맞는 것 같아 마음이 조급해졌다. 영웅이는 학교가 끝나자마자 경찰서로 갔다. 그리고 화재 사건을 담당하는 형사를 찾았다.

"난데. 왜?"

우체국에서 본 바로 그 형사였다. 이름은 성동민. 형사 반장이라고 했다. 영웅이는 자신이 어제 본 것을 이야기했다. 성 반장이 심각한 얼굴로 물었다.

"화장실 창문을 열고 있었단 말이지?"

"네. 혹시 어제도 창문으로 불이 붙은 신문지를 던졌나요?"

"응."

"그럼 그 남자가 범인 맞네요. 보건소도, 우체국도, 도서관도. 모두 똑같은 수법이잖아요."

성 반장은 고개를 끄덕이더니 벌떡 일어나며 물었다.

"CCTV를 보면 누군지 알 수 있겠니?"

"네. 차림새는 기억하고 있어요."

"그럼 따라와라."

성 반장은 영웅이를 컴퓨터 앞에 앉히더니 어제 저녁 무렵 찍힌 도서관 현관 쪽 CCTV 화면을 보여 주었다.

"찾아봐."

영웅이는 눈을 동그랗게 뜨고 화면 속에서 남자를 찾았다. 다행히 금방 찾을 수 있었다.

"저 남자예요! 바로 저 남자요!"

영웅이의 말에 성 반장이 화면을 멈췄다. 모자를 눌러 쓴 남자가 어젯밤 10시쯤 도서관에서 나가는 장면이었다. 성 반장은 그 사진을 출력하더니 말했다.

"고맙다."

영웅이가 황급히 나가려는 성 반장을 재빨리 붙잡으며 물었다.

"어디 가세요?"

"도서관."

도서관 직원이나 이용자들에게 그 남자에 대해 물어보려는 게 분명했다. 영웅이가 나섰다.

"저도 같이 가면 안 될까요?"

성 반장은 씩 웃더니 그러라고 허락해 주었다.

도서관 수위 아저씨는 사진 속 남자를 금방 알아보았다.

"자주 오는 사람이에요."

"그럼 도서관 회원이겠군요?"

"그건 확실히 모르겠어요. 책을 빌리려면 대출증이 필요하지만 공부만 하는 건 그냥 들어올 수 있거든요."

"일단 확인 좀 해 보죠."

　성 반장은 도서관 관장에게 부탁해 회원 관리 문서를 보기 시작했다. 그런데 용의자와 비슷한 연령대의 회원만 해도 300명이 넘으니, 한 명씩 찾아보는 것도 보통 일이 아니었다. 영웅이도 도왔다. 한참이나 뒤졌지만 끝내 남자의 얼굴은 찾을 수 없었다. 영웅이가 의견을 냈다.

　"CCTV에 찍힌 사진으로 공개 수배하는 게 어떨까요?"

　TV 드라마나 영화에서 많이 본 방법이다. 그러나 성 반장은 고개를 저었다.

"네가 목격한 것만으론 그 남자가 범인이라는 증거가
안 돼. 그저 화장실에서 본 사람일 뿐이잖아."

영웅이는 실망했다. 자신이 본 장면과 남자의 인상착의만으로도 범인을 금방 잡을 거라 기대했는데, 그것만으로는 충분한 증거가 되지 않는다니. 범인 잡는 게 쉬운 일이 아닌가 보다. 영웅이의 마음을 알았는지 성 반장이 말했다.

"보건소와 우체국의 CCTV에도 화재 사건이 난 날, 같은 사람이 찍혔는지 확인해 볼게. 만약 거기에도 그 남자가 찍혀 있다면 좀 더 확실해지는 거지."

성 반장의 말에 영웅이는 조금 위로가 됐다. 그리고 미궁에 빠진 사건을 척척 해결하고 다른 사람을 위해 봉사하는 형사가 정말 멋진 직업이라는 생각이 들었다. 영웅이는 저도 모르게 불쑥 말했다.

"반장님, 멋있어요."

하지만 성 반장이 손사래를 쳤다.

"모르는 소리 말아라. 며칠 사이 매일 일어나는 화재 사건 때문에 여기저기서 난리다. 소방서는 비상 체제에 들어갔고 경찰들도 매일 순찰 도느라 힘들어하고 보건소랑 우체국, 도서관도 다 정상 운영이 안 되고 있으니 말이야."

성 반장의 말을 듣는 순간, 영웅이는 번쩍 떠오르는 게 있었다.

'그렇다면 혹시 범인이 노리는 것이?'

영웅이는 얼른 자신의 생각을 말했다.

"혹시 범인이 노리는 게 바로 그거 아닐까요? 공공 기관 마비요!"

"공공 기관 마비?"

성 반장이 되묻자 영웅이가 설명했다.

"사회 시간에 배웠는데요. 국민의 편안하고 안전한 생활을 위해 다양한 일을 하는, 국가가 운영하는 기관을 공공 기관이라고 하잖아요. 바로 불이 난 보건소, 우체국, 도서관 같은 데요."

"맞아. 그런데?"

"불난 곳들은 물론이고 소방서와 경찰서까지 모두 난리라면서요. 그러니까 범인은 공공 기관을 마비시키기 위해 불을 낸 거예요. 아니라면 왜 공공 기관만 골라 가며 불을 지르겠어요?"

그러자 성 반장이 씩 웃으며 물었다.

"왜? 무슨 이유로?"

"그건……. 혹시 공공 기관에 원한이 있는 게 아닐까요?"

"공공 기관에 원한이 있다? 어떤 원한?"

솔직히 아직 거기까지는 생각해 보지 않았다. 영웅이가 머뭇거리자 성 반장은 크게 웃으며 말했다.

"하하하. 고 녀석, 똑똑하네. 그렇지 않아도 우리도 그걸 의심하고 공공 기관에 대한 경비를 강화하고 있어."

"아, 역시! 그럼 범인이 다음으로 노리는 곳은 어딜까요?"

"글쎄. 아직까지 인근에 남아 있는 공공 기관은 주민 센터, 교육청, 구청, 시청 등이 있는데 그중 어디가 될지 몰라서 말이야. 여하튼 고맙다."

영웅이는 기분이 좋았다. 멋진 형사님한테 똑똑하다는 얘기를 들었으니 말이다. 그런데 시간을 보니 벌써 6시였다.

'엄마한테 연락도 안 했는데. 으아, 오늘은 진짜 혼나게 생겼다.'

영웅이는 얼른 인사하고 집으로 뛰었다.

할머니를 구하라!

"손들어!"

예상대로 엄마는 엄청 화가 나 있었다. 영웅이가 학교 끝나고 세 시간이 지나도록 연락도 없이 집에 안 들어오니 엄마는 영웅이의 친구들 집에 다 전화했었단다.

사리가 한심하다는 투로 말했다.

"정도껏 놀아야지. 쯧쯧."

세 살이나 어리면서 자기가 누나인 줄 안다. 영웅이는 약이 올라 사리를 붙잡으려고 했다.

"야! 사리, 너!"

"엄마! 오빠, 손 내렸대요."

영웅이가 잽싸게 팔을 들며 째려보자, 사리가 메롱 하고 도망갔다. 정말 얄미운 고사리다. 영웅이는 10분이나 벌을 서고 다신 안 그러겠다는 약속을 하고 나서야 겨우 용서를 받았다.

그런데 그날 밤 9시쯤, 제인이가 전화를 했다.

"영웅아, 너희 아빠 계시니?"

"오늘 회식 갔다 늦게 오신다고 했는데. 왜?"

"우리 할머니가 안 오셔서. 늦어도 여덟 시까지는 오시는데 말이야. 전화도 안 받으시네."

"같이 일하는 아주머니께 전화드려 봤어?"

"응. 오늘 저녁 당번이 우리 할머니라 아주머니는 먼저 퇴근하셨대."

영웅이는 불안한 느낌이 들었다. 아까 성 반장과 공공 기관 마비가 범인의 목표일지도 모른다고 얘기했던 것도 마음에 걸렸다.

'혹시 오늘은 구청에서 무슨 일이 벌어지는 게 아닐까? 그런데 제인이네 할머니는 왜 전화를 안 받으시는 걸까?'

영웅이는 얼른 아빠에게 전화를 걸어 물었지만 아빠도 전혀 모른다고 했다.

"회식 때문에 일찍 나와서 모르겠는데. 아, 밤에 근무하시는 수위 아저씨한테 전화해 보렴."

그러면서 전화번호를 가르쳐 주었는데, 수위 아저씨도 전화를 받지 않았다. 제인이에게 상황을 말하자 제인이가 실망 가득한 목소리로 말했다.

"알았어. 아무래도 직접 가 봐야겠어."

영웅이는 얼른 나섰다.

"같이 가. 깜깜한데 혼자 무섭잖아."

옆에서 듣고 있던 엄마가 말했다.

"너희끼리 가서 뭘 어쩌려고? 아빠 보고 구청으로 가시라고 할게."

엄마가 아빠에게 전화를 하고, 제인이와 영웅이는 놀이터에서 만나 구청으로 갔다. 제인이는 할머니께 무슨 일이 생긴 것 같다며 걱정했다. 영웅이는 그런 제인이가 걱정됐다.

구청에 도착하자 아빠는 벌써 수위 아저씨를 만나 이야기하고 있었다. 아이들을 보더니 아빠가 말했다.

"텔레비전 보시느라 전화 소릴 못 들으셨대."

"네. 그런데 저희 할머니 못 보셨어요?"

제인이가 묻자 수위 아저씨가 대답했다.

"그러고 보니 퇴근하시는 걸 못 봤네."

아빠가 말했다.

"영웅아, 너는 아저씨랑 1, 2층을 뒤져 봐. 아빠는 제인이랑 3, 4층에서 찾아볼게."

정말 무슨 일이 생긴 걸까? 영웅이는 수위 아저씨와 함께 1층 사무실들과 휴게실을 샅샅이 뒤졌다. 하지만 할머니는 안 계셨다. 이제 1층에서 남은 곳은 화장실뿐. 영웅이가 막 남자 화장실 문을 열었을 때였다. 화장실 바닥에 할머니가 쓰러져 있는 게 아닌가!

"할머니! 할머니, 정신 차리세요! 아저씨, 119요!"

영웅이가 다급하게 소리쳤다. 수위 아저씨가 119에 신고하고, 영웅이는 아빠와 제인이를 소리쳐 불렀다. 황급히 뛰어 내려온 아빠와 제인이. 제인이는 쓰러진 할머니를 보더니 울음을 터뜨렸다.

"할머니! 할머니! 흑흑흑."

아빠가 할머니의 코 밑에 손을 대 보더니 말했다.

"숨은 쉬고 계셔. 기절하신 것 같아."

아빠가 할머니를 업고 현관으로 뛰어나가고 제인와 영웅이도 뒤를 따랐다. 그런데 막 화장실 문을 나가려는 순간, 딱! 영웅이의 발끝에서 뭔가가 튕겨 나갔다. 바로 라이터였다.

'라이터? 화장실? 설마 범인이 떨어뜨린 건가?'

방화범의 다음 목표가 구청이 아니었을까? 그래서 화장실에 들어왔다가 할머니한테 들킨 게 아닐까? 영웅이는 얼른 휴지를 뜯어 라이터를 감쌌다. 만약 범인의 지문이 묻어 있다면 중요한 증거물이 될 수도 있으니 지워지지 않게 조심해야 한다. 잠시 후, 구급차가 도착하고 할머니를 응급실로 실어 갔다.

"할머니! 흑흑흑."

제인이는 계속 울었다. 하기야 우는 게 당연하다. 초등학교 1학년 때 처음 같은 반이 되면서 알게 된 제인이. 모든 일에 따지기 좋아하고 누구한테도 지지 않으려 하는 제인이가 처음에는 이상하기만 했다. 하지만 아빠에게 제인이네 부모님이 이혼하고 각자 재혼하는 바람에 제인이가 할머니와 단둘이 산다는 것과 형편이 넉넉지 못하다는 얘기를 듣고 나서부터는 제인이의 말과 행동이 어느 정도 이해됐다.

까칠한 제인이도 할머니한테만은 정말 착하고 예쁘고 다정한 손녀딸이다. 그런데 할머니가 쓰러지셨으니 제인이 마음이 어떻겠는가. 제인이는 어느 때보다 초조해 보였다.

잠시 후 의사가 할머니가 깨어나셨다고 했다. 재빨리 응급실에 들어가니, 정말 할머니가 깨어나 누워 계셨다.

"할머니, 괜찮아? 흑흑."

제인이가 다시 울음을 터뜨리자 할머니가 다독였다.

"울지 마. 할머니 이제 괜찮아."

"의사 선생님 말씀으로는 충격으로 기절하셨던 거라는데, 화장실에서 무슨 일이 있었나요?"

영웅이 아빠가 묻자 할머니가 대답했다.

"청소하러 들어갔는데 문이 하나 닫혀 있더라고요. 아무리 두들겨도 대답이 없어서 고장 났나 싶었는데, 갑자기 누가 문을 확 열고 나오면서 나를 냅다 밀친 거예요. 거기까지밖에 생각이 안 나요. 넘어지면서 정신을 잃었나 봐요."

영웅이가 물었다.

"그 사람 얼굴 기억나세요?"

"아니. 갑작스럽게 당해서 얼굴은 못 봤어. 남자였던 것만 기억나."

영웅이가 라이터를 보이며 말했다.

"이 라이터가 화장실 바닥에 있었어요. 혹시 그 남자가 떨어뜨린 게 아닐까요?"

영웅이는 그 남자가 보건소, 우체국, 도서관에 불을 낸 방화범일 가능성이 크다고 말했다. 그리고 어제 도서관에서 어떤 남자를 본 일과

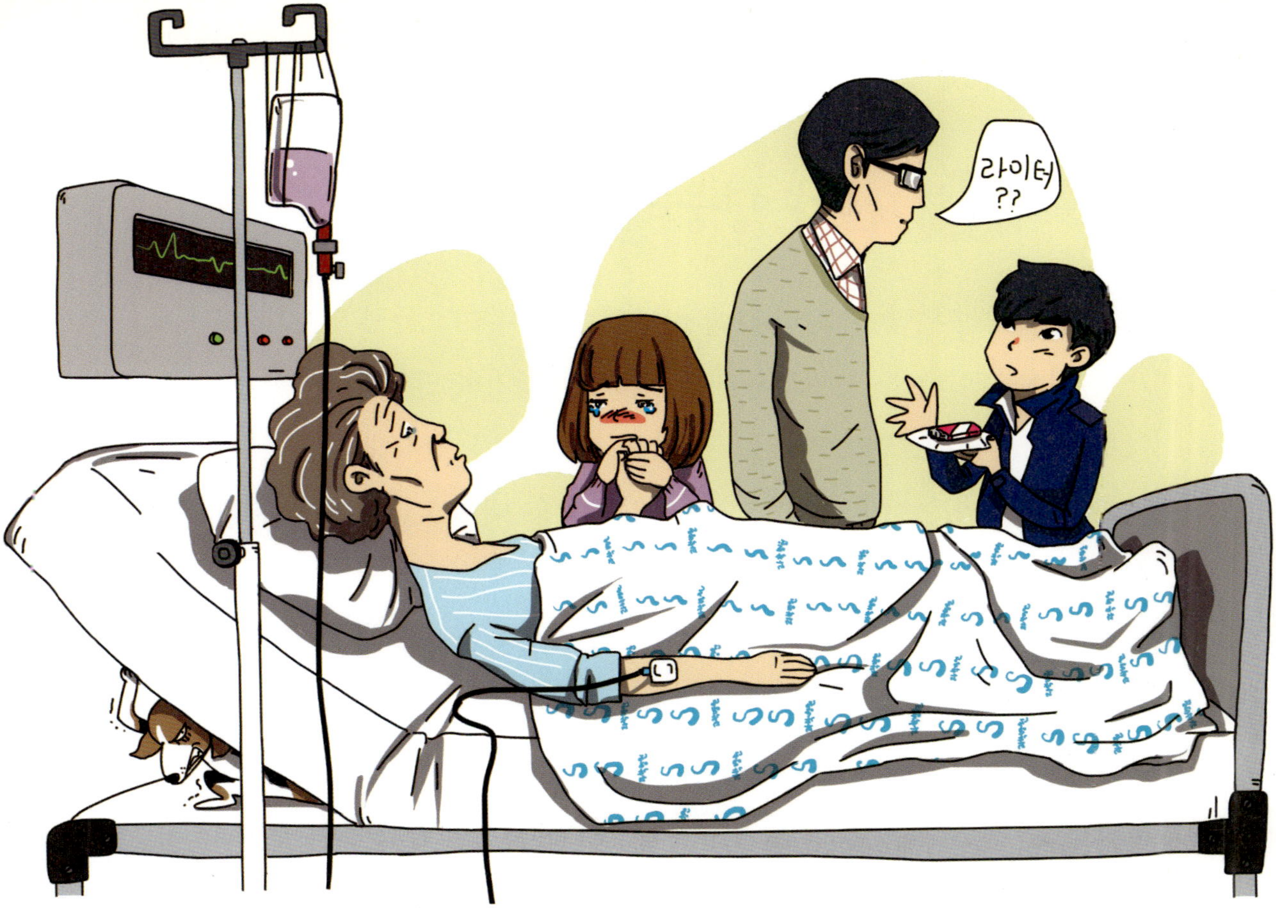

낮에 성 반장과 함께 CCTV에서 그 남자를 찾아낸 일도 이야기했다. 아빠가 말했다.

"그럼 라이터를 경찰서에 빨리 갖다 줘야겠네."

마침 영웅이 엄마가 소식을 듣고 병원에 도착했다.

"병원에는 엄마가 있을 테니까 제인이는 영웅이 따라 오늘 우리 집에 가서 자라. 내일 학교 가야 되니까."

제인이는 처음엔 병원에 남겠다고 했지만 결국 어른들 말씀을 따르기로 했다.

진짜 영웅이 되다! 43

진짜 영웅이 되다

영웅이와 제인이, 아빠는 병원에서 나와 경찰서부터 들렀다. 그리고 성 반장에게 라이터를 전해 주었다. 성 반장이 반기며 말했다.

"그렇지 않아도 보건소와 우체국 CCTV 데이터를 조사해 보니까 그 남자가 찍혀 있었어. 그래서 내일부터 사진을 배포하고 목격자를 찾기로 했지."

그리고 오늘 밤 11시부터 마을의 공공 기관마다 경찰을 배치해 지키기로 했다는 것. 그런데 그사이 구청에서 할머니가 다치는 사건이 발생한 것이다. 성 반장은 라이터의 지문 감식을 의뢰했다.

"범인 잡으면 바로 연락해 줄게."

영웅이는 범인이 꼭 잡히길 바랐다. 더 이상의 희생은 막아야 한다.

경찰서에서 나온 후 제인이네 집에 들러 내일 학교에 갈 책가방을 챙긴 다음 집으로 갔다. 아빠가 말했다.

"제인이는 사리랑 같이 자면 되겠구나."

"네. 감사합니다."

제인이가 인사하자 사리가 더 신 났다.

"신 난다! 제인 언니, 빨리 들어와. 빨리."

오빠 말고 언니가 있었으면 좋겠다고 만날 노래를 부르더니, 어쩌다 보니 사리가 소원을 이루게 되었다. 제인이가 사리를 따라 방으로 들어가며 영웅이에게 말했다.

"지난번에 내가 원하는 거 하나 들어주겠다고 한 거, 아까 할머니 찾으러 같이 가 줬으니까 받은 걸로 할게."

"진짜?"

이렇게 간단히 끝나다니! 영웅이가 기뻐하는데 제인이가 덧붙였다.

"그리고 오늘 너희 집에서 신세 지는 건 내가 빚진 거야. 세상에 공짜는 없으니까."

"빚은 무슨…….."

"아니야. 다음에 네 소원 한 번 들어줄게."

영웅이는 머리론 사양해야 한다고 생각했지만 마음으론 그러기 싫었다.

'천하의 경제인이 소원을 들어주는 날이 오다니, 이런 날을 얼마나 기다렸던가!'

"뭐든지 말만 해. 들어줄게."

"알았어. 약속한 거다."

제인이는 영웅이에게 다시 한 번 약속한 뒤 사리 방으로 들어갔다.

"야호!"

신 난 고영웅. 그런데 너무 좋아서 그런가? 방에 들어가자 영웅이는 갑자기 가슴이 쿵쾅거리며 뛰는 게 느껴졌다.

'왜 이러지?'

이유를 알 수 없었다. 단지 뭔가 대단한 일이 시작될 것만 같은 느낌이라고나 할까?

그때 마침 성 반장이 전화했다.

"잡았어. 지문 감식했더니 바로 그 남자야."

드디어 연쇄 방화범을 잡았다는 말. 그것도 영웅이가 찾아 준 라이터에 남아 있던 지문과 제보가 결정적인 단서가 됐다는 것이다. 성 반장이 칭찬했다.

"고맙다. 이번 사건은 고영웅 네가 해결한 거야. 내일 경찰서에 들러. 꼭!"

아빠와 제인이에게 소식을 전하자 모두 기뻐했다. 영웅이도 어깨가 으쓱해지는 기분이었다.

다음 날, 학교가 끝나자마자 영웅이는 경찰서로 갔다. 성 반장은 영웅이를 반갑게 맞으며 범행 동기와 경위를 설명해 주었다.

"범인의 이름은 공무중. 나이 33세. 대학 졸업하고 군대 갔다 와서 7년째 공무원 시험을 준비하고 있었대. 그런데 얼마 전 시험에서 또 떨어진 거지."

　그러다 보니 자기는 뭐가 부족해 자꾸 시험에서 떨어지나 하는 억울한 생각이 들었고, 주위의 공무원들만 봐도 괜히 화가 나더라는 것. 게다가 감기에 걸려 보건소에 갔었는데 간호사가 불친절했단다. 그 화를 참지 못하고 보건소에 불을 질렀고, 자신의 행위로 다른 사람들이 당황하고 겁내는 모습을 보니 이상하게 쾌감이 느껴졌다는 것이다. 결국 삐뚤어진 마음 때문에 공공 기관 연쇄 방화범이 되어 버렸다.

　공공 기관은 한 사람 개인의 소유가 아니다. 국민들이 편리하고 안전하게 생활할 수 있도록 국민들이 낸 세금으로 만들어진 공동의 재산이다. 그런데 그곳에 불을 내 금전적 손해를 입혔을 뿐 아니라 사람들에게도 큰 불편을 끼쳤으니, 그 죄가 결코 가볍지 않을 것이다.

다음 날, 영웅이는 수많은 경찰들이 지켜보는 가운데 경찰서장에게 감사패를 받았다. 영웅이네 가족들뿐 아니라 교장 선생님과 담임 선생님이 오셨고 제인이랑 퇴원한 제인이 할머니까지 모두 참석해 영웅이를 축하해 주었다.

영웅이는 정말 기분이 좋았다. 평생 이렇게 행복한 날이 또 올까 싶었다. 그리고 혹시 자신에게 형사로서의 소질과 재능이 있는 게 아닐까 하는 생각도 들었다.

돌아오는 길에 영웅이가 제인이에게 물었다.

"나 성 반장님처럼 형사 될까?"

"형사? 고영웅, 네가 뭘 모르나 본데 경찰대학 가려면 공부 엄청 잘해야 돼."

영웅이는 발끈했다.

"그럼 지금, 내가 공부를 못해서 안 된단 얘기야?"

제인이도 지지 않았다.

"그럼 지금, 네가 공부를 잘한다는 얘기는 아니겠지?"

어린이도 세금을 낼까?

세금은 국가나 지방 자치 단체가 국가를 유지하고, 국민의 생활을 발전시키기 위해 국민들에게 거두어들이는 돈을 말해. 세금을 내는 건 국민으로서 꼭 해야 하는 의무 중 하나지. 세금의 종류는 아주 많아. 돈을 벌면 그에 따라 내는 소득세, 집과 같은 재산에 매겨지는 재산세, 물건을 살 때도 부가 가치세를 내게 돼. 과자나 연필의 가격은 부가 가치세가 포함된 것이기 때문에 어린이도 물건을 살 때 간접적으로 세금을 낸다고 할 수 있지.

"뭐, 잘하진 않지만…….."
"뭐, 기적이 일어나면 또 모를까?"
"야! 경제인! 너 정말!"
그때였다. 그 모습을 본 사리가 던진 한마디!
"둘이 사귀냐?"
그러자 영웅이랑 제인이가 동시에 소리를 질렀다.
"뭐? 얘랑 나랑? 아니야!"
"뭐? 얘랑 나랑? 아니거든!"
그러자 고사리가 말했다.
"죽이 척척 맞는구먼, 뭐."
으~ 고사리! 역시 고영웅의 천적은 고사리다.

영웅이가 들려주는 사건 해결의 열쇠

며칠 동안 동네 곳곳에서 연이어 화재가 발생했어. 다행히 화재가 난 장소들의 공통점을 생각해 내고 연쇄 방화범을 잡을 수 있었던 건 공공 기관에 대해 잘 알았기 때문이지.

💡 공공 기관이란?

공공 기관은 개인의 이익이 아니라 모든 사람의 이익, 즉 공공의 이익을 위해 일하는 곳이야. 국가 또는 *지방 자치 단체가 국민들의 생활을 편리하게 하고 국민들이 행복하게 살 수 있도록 하기 위해 세운 것이지.

공공 기관에서 일하는 사람들은 대부분 공무원이야. 국가 또는 지방 공공 기관에서 주민들이 안전하고 편리하게 생활할 수 있게 돕는 일들을 해.

경찰서
범죄가 일어나지 않게 노력하고 범죄자를 잡아.

마을 회관
마을 회관은 마을 사람들을 위한 공간이야. 노인분들을 위한 노인 회관도 있어.

소방서
불이 나거나 사람들이 위급할 때 도와줘.

보건소
예방 주사를 놓거나 식중독을 막는 등 건강과 위생에 관한 일을 해.

〈다양한 공공 기관〉

우리가 공부하는 학교나 마음껏 책을 읽을 수 있는 공공 도서관, 실컷 뛰어놀 수 있는 공원도 다 공공 기관이야. 그 밖에도 경찰서, 소방서, 보건소, 주민 센터뿐만 아니라 공립 병원, 마을 회관, 시청, 구청, 군청까지 동네마다 많은 공공 기관들이 있어.

공공 기관은 대부분 지역의 중심지나 교통이 편리한 곳에 있어. 그래야 지역 주민들 모두가 쉽게 찾아가 편리하게 이용할 수 있기 때문이지.

> ***지방 자치 단체**
> 지방 자치란 지역의 주민들과 그들이 뽑은 대표들이 지역의 일을 스스로 결정하고 처리하는 것을 말해. 서울시와 서울시 의회, 종로구와 종로구 의회처럼 지역의 대표들이 살림살이를 꾸려 나가는 곳을 통틀어 지방 자치 단체라고 하지.

구청
구민들을 위해 일하는 곳이야. 시청, 도청 등도 각각 시민과 도민을 위하는 일을 해.

구립 도서관
구청에서 운영하는 도서관이야. 구민들이 이용할 수 있어.

공무원 중에는 소방관, 경찰관, 우체부, 보건의, 초등학교 선생님, 주민 센터 직원 등 다양한 직업들이 있어.

주민 센터
주민들의 생활에 필요한 일을 처리하거나 여러 가지 증명서들을 떼어 줘. 생활이 어려운 동네 주민을 도와주기도 해.

💡 공공 기관이 하는 일

국민이라면 누구나 쾌적한 환경에서 건강하고 행복하게 살 권리가 있어. 그래서 그 권리를 지켜 주기 위해 공공 기관은 여러 가지 일을 담당해. 어떤 일들을 하는지 한번 살펴볼까?

공공 주택 짓기
집이 없는 사람들을 위해 공공 아파트나 공공 주택을 지어.

환경 가꾸기
쓰레기를 수거해 가고 거리를 청소해.

복지 확대하기
어린이집이나 노인정을 만들어.

환경 가꾸기
공중 화장실을 설치하고 운영해.

문화 육성하기
시민들을 위한 음악회를 열기도 해.

도로 건설하기
도로를 새로 깔고 낡은 곳은 보수해.

상·하수도 관리하기
깨끗한 물을 쓸 수 있게 하고 더러워진 물을 처리해.

공공 기관은 정말 많은 일을 하지? 이 많은 일들은 크게 세 가지로 나눌 수 있어.

먼저 국민의 안전을 유지하는 일이야. 도로나 건물이 안전한지 점검하고 불이 나면 재빨리 불을 꺼. 또 방범 시설을 설치하고 범죄가 벌어졌을 때 해결하는 등의 일이지.

> **＊복지**
> 사람은 누구나 행복하게 살 권리가 있지만 주변 여건 때문에 그렇지 못한 사람도 많아. 이런 경우에는 국가가 최소한의 삶을 보장해 주는데, 이렇게 국민의 삶의 질을 높이고, 국민 모두가 행복하게 살 수 있도록 하는 정책을 복지라고 해.

두 번째는 국민의 건강과 ＊복지를 더 낫게 하는 일이야. 보건소에서 예방 주사를 놓아 주는 일, 어린이집을 운영하거나 노인과 장애인을 위한 시설을 만들고 공원에 운동 기구를 마련하는 일 등이지.

마지막으로 살기 좋은 환경을 꾸미거나 각종 문화 행사를 마련하는 일도 해. 공원을 만들거나 하천을 재정비하는 것, 또 미술관이나 도서관을 운영하고 문화 행사를 열어 국민들이 배우고, 즐길 수 있게 해 주는 거지.

공공 기관을 만들고 운영하는 데 쓰이는 돈은 어떻게 마련할까? 바로 국민들이 내는 세금으로 마련해.

〈공공 기관과 세금〉

💡 병원은 공공 기관일까, 아닐까?

공공 기관은 모든 사람의 이익을 위해 일하는 곳이라고 했지? 그럼 병원은 공공 기관일까, 아닐까? 병원은 아픈 사람을 치료해 주는 곳이지만 모든 병원이 다 공공 기관은 아니야. 국립경찰병원이나 국립서울병원처럼 국가가 만든 국립 병원이나 지방 자치 단체에서 세운 병원은 공공 기관이지만, 우리가 주변에서 흔히 볼 수 있는 많은 일반 병원들은 개인이나 단체가 주로 이익을 얻기 위해 세운 곳이야. 그런 병원은 공공 기관이 아니야.

서점, 백화점, 동물원, 놀이공원 등도 마찬가지야. 사람들의 생활을 편리하게 해 주고, 즐겁게 해 주지만 대부분 돈을 벌기 위해 만든 곳이지.

〈공공 기관〉　　　　　〈공공 기관이 아닌 곳〉

그러니까 생각해 봐. 연이어 불이 난 곳은 보건소, 우체국, 도서관. 게다가 화재 때문에 비상 상태가 된 소방서와 경찰서까지, 모두 공공 기관이었지. 결국 범인이 노린 것이 공공 기관의 마비였음을 알아냈고, 구청에 떨어뜨린 라이터를 찾아 범인을 잡을 수 있었지.

해피를 찾아 줘

"어? 그런데 어제 잃어버렸네.
찾기 쉽지 않겠는걸.
아직까지 못 찾았으면 벌써 누가 데려갔거나
사고를 당했을……."
그때였다.
"으앙! 해피야, 엉엉엉."

사라진 해피

"영웅아, 두부 좀 사 와라."

저녁 무렵 엄마가 두부 심부름을 시켰다. 영웅이는 심심하던 차에 마침 잘됐다 싶었다. 영웅이가 사는 203동에서 상가까지는 고작 30미터. 영웅이는 쏜살같이 달려 상가로 갔다.

막 상가 안으로 들어가려는데 눈에 익은 아이가 보였다. 바로 같은 반 친구, 우상희였다.

"상희야!"

영웅이가 반가워 이름을 불렀지만 상희는 못 들은 것 같았다. 게다가 다시 보니, 울면서 뭔가를 찾고 있었다.

"해피야, 해피야! 흑흑흑."

해피라면 상희가 키우는 강아지다. 1년 정도 된 푸들로 영웅이도 몇 번 본 적이 있었다. 그럼 지금 해피를 잃어버렸다는 말인가! 영웅이가 얼른 다가가 물었다.

"해피가 없어졌어?"

그제야 상희가 영웅이를 알아보고 말했다.

"응. 학교 갔다 오니까 없는 거야. 현관문이 열려 있었나 봐. 엄마가 주방에서 일하는 사이에 나간 것 같대."

"나간 지 얼마나 됐는데?"

"정확히는 몰라. 엄마가 열한 시쯤 외출하실 때 문을 닫고 가셨다니까 해피는 그전에 벌써 나갔나 봐."

상희 엄마가 급한 약속 때문에 해피가 없어진지도 모르고 나가셨다는 것이다. 그나저나 지금이 벌써 5시 12분이니 시간이 엄청 많이 흘러 버렸다.

"우리 해피, 어떡해. 흑흑흑."

상희는 학교 갔다 와서부터 지금까지 계속 찾아다녔는데도 해피를 못 찾았다며 울었다. 영웅이는 마음이 무거웠다. 상희가 해피를 얼마나 좋아하는지 잘 알기 때문이다. 영웅이는 저도 모르게 약속했다.

"울지 마. 내가 같이 찾아 줄게."

말하고 나니, 엄마 심부름이 걸렸다. 하지만 지금 두부가 문제인가! 해피가 어디서 헤매고 있는지도 모르고, 어쩌면 교통사고를 당했을지도 모를 일 아닌가!

영웅이가 물었다.

"휴대전화로 해피 사진 찍은 거 있지? 나한테도 전송해 줘."

사진을 보여 주면 훨씬 더 쉽게 찾을 수 있을 거라는 생각이었다.

상희는 얼른 휴대전화에 저장된 해피의 사진 중 하나를 보내 줬다. 하얀색 털과 너무도 잘 어울리는 분홍색 리본을 귀에 단, 정말 귀여운 모습이었다. 영웅이가 물었다.

"해피 데리고 매일 산책 간 곳이 어디야?"

"공원. 아까 거기도 찾아봤어."

"그래도 지금 또 왔을 수도 있잖아. 아님 본 사람이 있든가."

해피도 자기가 자주 갔던 곳을 기억하고 가지 않았을까 싶었다. 영웅이와 상희는 길 건너에 있는 공원으로 갔다. 둘은 따로 떨어져 해피 사진을 보여 주며 본 사람이 있나 찾았다. 모두 고개를 저었지만 딱 한 명, 해피를 본 사람이 나타났다. 바로 공원 매점 아저씨였다.

"이 강아지, 봤어."

"정말이요? 이 강아지 맞아요?"

"그래. 분홍색 리본 꽂은 강아지. 열한 시 반쯤이었나? 가게 앞을 청소하다 저기 나무 밑에 앉아 있는 걸 봤어. 난 주인이랑 산책 나온 강아지인 줄 알았지."

"어디로 가는지 못 보셨어요?"

"그건 못 봤지. 잠깐 딴 일 하고 다시 보니까 없더라고."

아직 이 공원 어딘가에 있는 건 아닐까? 영웅이는 얼른 상희에게 전화를 걸어 소식을 전하고 매점 앞으로 오라고 했다. 그런데 막 전화를 끊었을 때 다시 휴대전화가 울렸다. 엄마였다.

'큰일 났다!'

영웅이는 얼른 전화를 받았다.

"두부 만들러 갔어?"

"아, 아니요. 지금 들어가요."

마침 상희가 와서 그만 가야 한다고, 미안하다고 말했다.

"아니야. 지금까지 도와준 것도 고마워. 빨리 가."

영웅이는 발이 잘 떨어지지 않았지만 얼른 두부를 사서 집으로 갔다. 집에 들어서자 예상대로 썰렁한 기운이 느껴졌다. 고사리가 쓱 지나가며 한마디 했다.

"쯧쯧. 언제 철드냐?"

"사리, 너!"

그때 엄마의 화난 얼굴이 눈에 들어왔다.

"고영웅, 또 어디로 샜다 왔어?"

"새, 샌 게 아니라요."

"어허! 진실만 말하여라."

그때였다.

"아이, 왜 이렇게 시끄러워요?"

고모다! 영웅이와 사리의 고모이자 서른세 살 노처녀 변호사. 이름은 고민자. 고모는 잠옷 차림에 잔뜩 헝클어진 머리로 눈을 비비며 방에서 나왔다.

영웅이는 얼른 불쌍한 표정을 지었다. 도와달라는 뜻. 그러나 엄마가 눈치채고 먼저 으름장을 놓았다.

"또 영웅이 편들지 마세요."

"편은 무슨. 잘못을 했으면 당연히 혼나야죠. 그런데 얜 또 무슨 잘못을 했어요?"

"심부름 보냈더니 감감 무소식이잖아요. 또 놀이터 가서 놀다 들어온 거죠."

"아니에요. 논 게 아니라……."

"논 게 아니면 지금까지 뭘 하다 왔어?"

엄마의 말을 고모가 막았다.

"아, 잠깐! 지금 피고가 진술하고 있으니까 원고는 기다려 보세요."

누가 변호사 아니랄까 봐. 고모는 언제나 사람을 피고와 원고로 나눠 이야기하는 버릇이 있다. 그러니까 지금은 죄를 지었을 가능성이 있는 영웅이가 피고고, 엄마가 원고다. 영웅이는 사실대로 말했다.

"그게 아니라 상희가 강아지 잃어버렸다고 해서 같이 찾아 주다가."

"또 오지랖 발동하셨군."

사리가 또 한마디 했다. 정말 얄미운 고사리다. 고모가 물었다.

"상희가 누군데?"

"같은 반 친구."

"아, 그러니까 같은 반 친구가 강아지를 잃어버려서 같이 찾아 주다 늦게 왔다!"

고모는 고개를 끄덕이더니 갑자기 엄마의 두 손을 꼭 잡았다. 당황하는 엄마.

"왜 또 이래요? 편들지 말라니까요."

하지만 고모는 꿋꿋하게 엄마의 두 손을 잡고 말했다.

"언니, 존경합니다."

"네? 조, 존경이요?"

뜬금없이 엄마를 존경한다니? 엄마뿐 아니라 영웅이와 고사리도 의아한 표정.

"요즘 아이들 진짜 이기적이거든요. 다 자기밖에 몰라요. 친구가 어려운 일을 당해도 모른 척하죠. 그런데 우리 영웅이 보세요. 친구가 강아지 잃어버렸다니까 엄마한테 혼날 줄 알면서도 도와주잖아요. 이게 다 언니가 교육을 잘 시켜서 그런 거라니까요."

이쯤 되면 엄마도 고모의 칭찬에 빠져든다.

"교육을 잘 시키긴 뭐……."

변호사는 무슨 일을 할까?

법률적인 문제가 생긴 개인이나 단체에게 법에 대해 조언을 해 주고, 재판에 나가 그들의 입장을 대신 말해 주는 일을 해. 법에 대해 잘 알아야 하고, 사건을 분석해서 논리적인 말과 글로 표현해야 하지. 변호사가 되려면, 사법시험에 합격한 후 2년 동안 교육을 받고 수료하는 방법과 법학전문대학원에서 공부한 후 변호사 시험을 통과하는 방법이 있어.

"언니가 항상 가르치잖아요. 어려운 일 당하는 사람, 그냥 지나치지 마라. 내 일같이 도와줘라."

그러더니 고모는 갑자기 영웅이의 어깨를 두드리며 말했다.

"역시 멋진 엄마를 닮은 멋진 아들이야. 잘했어, 고영웅! 그깟 두부 좀 늦게 사 오면 어때! 수고했어. 들어가!"

영웅이는 슬쩍 엄마 눈치를 봤다. 엄마는 고모의 칭찬에 기분이 좋으면서도 또 당했다는 듯 멍한 표정이었다. 사리가 말했다.

"우리 엄만 너무 순진해."

그러자 고모가 사리에게 꿀밤을 주며 말했다.

"넌 너무 영악해."

오늘도 고모 덕에 무사히 넘겼다. 방에 들어온 영웅이는 해피를 찾았는지 못 찾았는지 궁금한 마음에 상희에게 전화를 걸었다. 상희는 울먹이며 말했다.

"아니, 아직 못 찾았어."

벌써 어둑어둑해졌는데 정말 큰일이다. 전화를 끊고 나서 영웅이는 인터넷으로 강아지 찾는 방법을 검색해 봤다. 일단 전단지를 붙이고 구청이나 경찰서 등에 알아보라는 글이 있었다. 그래서 성 반장님과 아빠한테 전화를 걸어 물어봤더니, 아직 해피 같은 강아지를 보호하고 있다는 제보는 안 들어왔다는 것. 아빠가 말했다.

"'반려동물 등록제'라는 게 있거든. 상희도 등록해 놨는지 물어봐라."

2014년 1월 1일부터 개를 소유한 사람은 전국 시, 군, 구청에 반드시 동물을 등록해야 하는 제도다. 개의 몸에 무선 식별 장치를 넣거나 달아 개를 잃어버렸을 때 동물 보호 관리 시스템에 입력된 정보를 이용해 주인을 찾을 수 있게 하기 위한 것. 영웅이는 상희에게 다시 전화를 걸어 물었다.

"당연히 등록했지. 그런데 그것도 누군가 해피를 발견해서 찾아 주지 않으면 알 수 없어."

하기야 강아지 스스로 경찰서나 구청에 가서 주인을 찾아 달라고 할 수는 없을 것이다. 누군가 주인을 잃어버린 강아지인 걸 알아보고 신고하면 그제야 찾을 수 있는 방법이다.

상희는 지금 전단지를 만들고 있으며 내일 동네에 붙일 거라고 했다.

"그럼 내일 학교 가기 전에 만나자. 일찍 붙이는 게 좋을 거 아냐."

그렇게 약속하고 나서야 영웅이는 마음이 조금 놓였다. 도대체 해피는 어디로 갔을까? 혹시 사고라도 당한 건 아닐까?

지도 박사를 만나다

다음 날 영웅이는 아침 일찍 상희를 만났다. 밤새 울었는지 상희는 얼굴이 팅팅 부어 있었다. 사랑하는 강아지를 잃어버린 마음이 오죽하랴. 상희가 만들어 온 전단지에는 해피의 사진과 함께 해피의 특징과 상희의 전화번호가 쓰여 있었다.

둘은 상희 집과 학교 근처에 전단지를 붙인 뒤 함께 학교로 갔다. 그런데 교실에 들어서자마자 아이들이 환호성을 질렀다.

"오우~."

영웅이와 상희는 어리둥절했다. 민국이가 나서서 놀렸다.

"고영웅, 우상희! 너희 둘이 커플 하기로 했냐?"

"뭐? 커플?"

영웅이는 기가 막혔다. 커플이라니 지금 상황에 그게 말이나 되는 소리인가. 민국이가 다시 물었다.

"아님 왜 둘이 같이 오냐?"

상희는 얼굴이 빨개져 얼른 자리에 앉았고, 아이들의 시선이 모두 영웅이에게 쏠렸다. 남의 일에는 전혀 관심이 없는 제인이도 고개를 돌려 영웅이를 쳐다봤다. 영웅이가 말했다.

"상희 눈 부은 거 안 보여? 상희네 강아지 해피가 어제 없어졌대."

"정말?"

아이들이 놀라자 상희는 울음을 터뜨렸다.

해피를 찾아 줘 67

"흑흑흑."

여자아이들이 상희를 위로하러 몰려들었다. 하지만 민국이는 의심의 끈을 놓지 않았다.

"그런데 왜 같이 들어와?"

"상희가 전단지 만들었다고 해서 같이 붙여 주고 온 거야."

그제야 이해하는 아이들. 모두 고영웅의 오지랖이라면 충분히 가능한 일이라 생각하는 듯했다. 아침의 소동은 그렇게 지나갔다.

수업이 끝나고, 영웅이는 가방을 싸며 아이들에게 물었다.

"전단지 붙일 게 아직 남았는데 같이 붙여 줄 사람?"

그러나 아이들은 저마다 핑계를 댔다.

"미안. 난 학원 수업이 있어서."

"학교 끝나고 집에 바로 안 가면 엄마한테 혼나."

"난 병원에 가야 돼. 가면서 혹시 있나 찾아봐 줄게."

그러면서 모두 순식간에 사라져 버렸다. 영웅이는 좀 실망스러웠다. 아무리 제 할 일이 바빠도 그렇지 친구가 어려운 일을 당했는데 도와주겠다는 사람이 한 명도 없단 말인가.

상희는 미안한 듯 말했다.

"영웅아, 너도 바쁠 텐데 그만 도와줘도 돼."

"아니야. 엄마가 같이 찾아 줘도 된다고 하셨어."

어제 고모가 편들어 준 덕분에 엄마가 허락해 주었다. 이젠 맘 놓고 도와줄 수 있으니 그나마 다행이다. 그런데 그때였다.

"나도 도와줄게."

"정말?"

영웅이는 반가운 마음에 얼른 뒤를 돌아봤다. 그런데 이게 누군가! 천하의 깍쟁이, 경짜로가 아닌가!

"뭐? 제인이, 네가?"

"왜? 난 안 돼?"

영웅이는 할 말을 잃었다. 제인이를 안 지 벌써 4년째인데, 이제껏 먼저 나서서 누군가를 도와주겠다는 말은 정말 처음 듣는다. 영웅이는 얼른 되물었다.

"정말? 공짜로?"

"그래. 공짜로."

게다가 공짜란다. 영웅이는 퍼뜩 제인이가 영웅이네 집에서 자던 날, 다음에 소원 하나를 들어주겠다고 한 말이 생각났다.

"소원 들어준다는 거, 이걸로 때우려는 거야?"

제인이는 책가방을 메고 먼저 나가며 말했다.

"아니야. 상희야, 가자."

제인이가 상희를 데리고 나가자, 영웅이도 부랴부랴 따라 나가며 생각했다.

'뭐야? 내일은 해가 서쪽에서 뜨는 거 아니야?'

앞장서 나가던 제인이도 생각했다.

'뭐야? 내가 왜 갑자기 도와준다고 했지?'

제인이도 자신이 왜 그랬는지 이유를 알 수 없었다. 모두들 모여들어 위로하더니 결국 아무도 도와주지 않고 가는 게 얄미워 보여서였을까? 아니면 상희랑 영웅이랑 같이 다니는 게 신경 쓰여서였을까?

어쨌든 셋은 함께 다니며 길 양쪽으로 일정한 간격마다 전단지를 붙였다. 그리고 지나가는 사람들에게 전단지를 나눠 주며 해피를 발견하면 전화해 달라고 부탁했다.

그런데 제인이가 전단지를 나눠 주고 막 돌아설 때였다. 무언가에 쿵 부딪히는 바람에 그만 뒤로 나동그라졌다.

"아얏!"

올려다보니, 덩치 큰 남학생이었다. 남학생은 얼른 손을 내밀었다.

"미, 미안. 못 봤어."

그러나 제인이는 혼자 일어나며 말했다.

"아니에요. 저도 못 봤어요."

남학생은 얼굴은 어려 보였지만 몸집으로 봐서는 중학생 정도는 돼 보였다. 남학생이 땅에 흩어진 전단지를 주워 주며 물었다.

"강아지를 잃어버렸어?"

"네. 친구가요."

"어? 그런데 어제 잃어버렸네. 찾기 쉽지 않겠는걸. 아직까지 못 찾았으면 벌써 누가 데려갔거나 사고를 당했을……."

그때였다.

"으앙! 해피야, 엉엉엉."

언제 왔는지 상희가 남학생의 얘기를 듣고 울음을 터뜨렸다. 제인이가 버럭 화를 냈다.

"너무하시는 거 아니에요?"

"아, 아니, 나는……."

남학생은 당황해 변명을 하려고 했다. 영웅이도 놀라 뛰어왔다.

"제인아, 무슨 일이야? 상희야, 왜 울어?"

제인이가 남학생에게 따졌다.

"빨리 사과하세요. 강아지 잃어버리고 슬퍼하는 사람한테 꼭 그렇게 얘기하셔야겠어요?"

"미, 미안. 사실 나도 1년 전에 강아지를 잃어버린 적이 있거든. 다행히 찾았지만. 그때 생각이 나서 도와주려던 건데."

제인이가 날카롭게 쏘아보며 말했다.

"누가 도와 달래요? 됐어요. 가자, 상희야."

그런데 영웅이가 나섰다.

"어떻게 찾았는데요?"

남학생은 수첩을 꺼내며 물었다.

"어디서 잃어버렸는데? 가만, 너희 이 동네에 살지?"

남학생이 펼친 수첩에는 지도가 그려져 있었다. 그것도 손으로 그린 지도. 본인이 직접 그린 것 같았다. 영웅이가 대답했다.

"네. 저기 행복 아파트요."

"행복 아파트?"

남학생은 지도 한 장을 펼치며 말했다.

"여기 있다."

행복 아파트 주변 지도였다. 아파트 동뿐만 아니라 길, 주변 상가, 화단 등 마치 실제 아파트 단지를 옮겨 놓은 듯 자세히 그려져 있었다. 영웅이가 놀라 물었다.

"직접 그리신 거예요?"

"응. 내가 지도에 관심이 좀 많거든. 지도는 실제 땅의 모습을 작게 줄여서 그린 그림이잖아. 우리가 사는 곳의 위치를 한눈에 알아볼 수 있어서 여러모로 유용하지. 동네를 돌아보며 곳곳의 지도를 그리는 게 내 취미야. 하하하. 그런데 너희는 몇 학년이야?"

"4학년이요."

그러자 남학생이 반가운 듯 악수를 청하며 말했다.

"4학년? 나도 4학년이야."

영웅이도 엉겁결에 악수를 하며 말했다.

"아, 네. 중학교 4학년이시구나. 엥? 중학교는 4학년이 없는데?"

남학생은 재미있다는 듯 크게 웃으며 말했다.

"으하하하. 중학생이라니! 나도 초등학교 4학년이라니까. 내가 좀 크긴 하지?"

영웅이뿐 아니라 옆에서 듣고 있던 제인이와 어느새 울음을 그친 상희까지 놀라 동시에 물었다.

"초등학교 4학년이요?"

남학생은 씩 웃더니 말했다.

"응. 내 이름은 백두산. 이름만큼 덩치가 크지만 그래도 너희랑 같은 학년이니까 편하게 말해."

헉! 이렇게 덩치 큰 아이가 초등학교 4학년이라니! 아이들은 입이 쩍 벌어졌다. 제인이가 날카롭게 물었다.

"어느 학교 다니시는…… 아니, 다니는데?"

"바로 옆 동네. 진리 초등학교."

그제야 영웅이가 정신을 차리고 말했다.

"어쩐지. 처음 본 얼굴이라 했다."

그러더니 손을 내밀어 악수를 청했다.

"다시 정식으로 인사하자. 난 행복 초등학교 4학년 1반 반장, 고영웅이야."

"난 진리 초등학교 4학년 3반 백두산이야."

둘은 힘차게 손을 흔들며 악수를 했다. 영웅이가 말했다.

"너희도 인사해."

제인이가 마지못해 인사했다.

"난 경제인이야. 영웅이랑 같은 반."

"안녕? 난 우상희야. 나도 같은 반."

"그래, 다들 반가워."

두산이는 몸집에 어울리지 않게 가볍게 손을 흔들며 인사했다. 영웅이가 생각나 말했다.

"맞다! 이러고 있을 때가 아니지. 두산아, 어떻게 하면 해피를 찾을 수 있을까?"

"먼저 너희가 찾아본 데가 어딘지 말해 봐."

두산이가 지도를 펼치며 말했다. 그런데 지도를 본 상희는 고개를 갸웃하며 물었다.

"이 지도에서 우리 집이 어디야?"

"행복 아파트라고 했지? 바로 여기야. 그리고 여기는 너희가 다니는 행복 초등학교."

두산이가 지도의 글자와 기호를 가리키며 말하자 상희가 학교 위치에 그려진 기호를 가리키며 물었다.

"이 기호가 학교야?"

"응. 학교를 지도 기호로 그린 거야. 지도에는 실제 모습을 그대로 다 그릴 수 없잖아. 그래서 그리기도 쉽고, 알기도 쉽게 기호를 사용한 거지. 지도 기호는 땅의 모양이나 건물의 모양을 본뜨거나 다 같이 그렇게 그리기로 약속으로 정한 거야. 학교 기호는 건물과 그 위에 걸린 태극기의 모양을 본떠서 네모와 깃발로 나타낸 거지."

두산이의 대답에 영웅이가 물었다.

"그런데 왜 아파트는 기호로 안 그렸어?"

네모난 모양에 그냥 '행복 아파트'라고 쓰여 있었기 때문이다. 두산이 대신 제인이가 대답했다.

"아파트는 정해진 지도 기호가 없으니까 그렇겠지."

"맞아. 너 똑똑하다."

두산이가 웃으며 말하자 제인이는 어깨를 으쓱했다. 마치 당연하다는 듯. 상희가 말했다.

"그렇구나. 그럼 여기 행복 아파트 주변이랑 학교 주변 그리고 공원도 찾아봤는데……. 공원은 어디야?"

"공원이라면 남쪽에 있는 공원?"

"남쪽? 남쪽이 어딘데?"

상희의 말에 두산이가 지도의 오른쪽 위를 가리키며 말했다.

"지도는 보통 동서남북의 네 방향을 방위표로 표시하는데, 만약 방위표가 없으면 위쪽이 북쪽이고 아래쪽이 남쪽이야. 너희 집이 여기 가운데니까 아래쪽에 있는 공원은 남쪽이지. 이 공원, 맞지?"

"맞아. 거기야."

두산이는 정말 지도 박사였다. 하기야 동네 지도를 직접 손으로 그린다니, 더 말해 무엇 하겠는가. 정말 독특한 취미를 가진 아이다.

"거기가 다야?"

두산이가 묻자 영웅이도 지도를 가리키며 대답했다.

"응. 지금은 학교에서 나와서 동쪽으로 난 길을 따라 전단지를 붙이고 있었어."

두산이가 고개를 끄덕이더니 말했다.

"여기저기 너무 주먹구구식으로 찾으면 안 돼. 해피가 혼자 돌아다녔다면 주로 가던 곳에 갔겠지만 누군가 해피를 데려갔을 수도 있고, 또 해피가 길을 잃었을 수도 있잖아. 그리고 이렇게 셋이 우르르 몰려다니면 언제 찾겠어? 일단 구역을 나눠서 각자 맡은 곳에 전단지를 붙이고 찾아보는 게 좋겠어."

맞는 말이다. 해피가 집을 나간 지 벌써 하루가 지났으니 집 주변에서만 찾는 건 별 의미가 없을지도 모른다. 두산이가 수첩을 넘기더니 또 다른 지도를 보이며 말했다.

"이건 더 자세히 그린 지도야. 너희 아파트 주변 동네를 샅샅이 그린 지도지. 자, 너희 아파트를 기준으로 동서남북, 네 구역으로 나누는 거야. 난 우리 동네 쪽인 동쪽을 찾아볼게."

나침반과 지도로 방향 아는 법

지구는 커다란 자석이야. 마치 북극 쪽이 S극, 남극 쪽이 N극으로 된 막대자석과 같지. 그래서 자석의 N극으로 만들어진 나침반의 바늘은 항상 S극인 북쪽을 가리키는 거야. 지도에 표시된 북쪽이 실제 어느 방향인지 모를 때는 나침반을 같이 이용하면 돼. 나침반을 판판한 평지 위에 놓아 북쪽을 찾은 다음, 지도의 위쪽을 그 방향이 되게 펼쳐 놓으면 되지. 그럼 지도의 아래쪽은 남쪽, 오른쪽은 동쪽, 왼쪽은 서쪽이 돼.

"난 북쪽을 찾아볼게."

영웅이가 말하자 상희도 말했다.

"난 서쪽."

제인이도 마지못해 나섰다.

"그럼 난 남쪽을 찾아볼게."

모두 찾을 곳을 정하자 영웅이가 말했다.

"그럼 전단지 나눠 갖고 찾으면 바로 연락하기. 아 참, 두산아 너도 휴대전화 있지?"

아이들은 두산이의 전화번호를 저장한 다음 각자 맡은 곳으로 흩어졌다. 영웅이가 몇 걸음 가다 돌아보며 소리쳤다.

"백두산, 고맙다!"

두산이도 뒤돌아 소리쳤다.

"고맙긴. 다 붙이면 연락할게!"

백두산. 덩치로 봐서는 꼭 산적 같아 보이는데, 알고 보니 참 착한 아이인 것 같다.

해피의 흔적을 찾다

각자 동서남북으로 나눠 전단지를 붙이고, 사람들에게 나눠 주고, 구석구석 해피가 있지는 않은지 찾았지만 별 소득이 없었다. 아이들은 어둑어둑해져서야 전단지를 다 붙이고 각자 집으로 돌아갔다. 이제 할 일은 연락을 기다리는 것뿐이다.

영웅이가 저녁을 다 먹었을 때 상희에게 연락이 왔다. 얼른 받으니 상희가 다급하게 말했다.

"봤대. 우리 해피를 봤대."

"그래? 누가?"

영웅이네 행복 아파트에서 북쪽으로 조금 가면 산이 있다. 바로 그 산 아래에 있는 음식점이라고 했다. 영웅이가 전단지를 붙인 곳이었다. 영웅이는 엄마에게 허락을 받고 뛰어나가며 두산이와 제인이에게 전화했다. 두산이와 제인이도 기뻐하며 함께 가겠다고 했다.

아이들은 곧바로 상희네 집 앞에 모였다. 상희는 좀 놀란 듯했다.

"왜 거기를 생각 못 했을까? 우리 가족이 가끔 외식하러 가던 곳이거든."

해피가 그곳을 기억해 내고 찾아간 걸까? 상희는 매일 산책 가던 공원만 생각했지, 그쪽은 전혀 생각지 못했다고 했다.

가 보니, 식당에서 일하는 아주머니가 해피를 봤다고 했다.

"점심 지나고, 쓰레기 버리러 나왔더니 강아지 한 마리가 음식물 쓰레기를 주워 먹고 있더라고. 내가 나가니까 꽁지 빠지게 도망가기에 그런가 보다 했는데, 전봇대에 붙은 전단지 사진을 보니까 생각났지. 이 학생이 안고 왔던 강아지라는 게."

혹시 아직 근처에 있는 게 아닐까? 영웅이가 물었다.

"점심때 이후론 못 보셨어요?"

"응. 못 봤어."

상희가 걱정스럽게 말했다.

"그사이 다른 데로 갔으면 어떡하지."

그때였다. 상희의 휴대전화가 울렸다. 또 다른 제보 전화였다.

"네? 봤다고요? 뒷산에서요? 제가 지금 뒷산에 있는데 몇 시에 보신 거예요?"

5시에 봤단다. 그렇다면 아직 이 근처에 있을지도 모른다. 아이들은 일단 등산로 입구로 갔다. 그런데 주변을 아무리 찾아도 해피는 없었다. 두산이가 의견을 냈다.

"어두우니까 둘씩 나눠서 찾아보자. 우린 오른쪽으로 갈게. 가자, 제인아."

갑작스런 두산이의 말에 제인이는 당황했다. 사실 제인이는 낯가림이 심한 편이다. 스스럼없이 대하는 두산이가 당황스러운 게 당연하다.

"나?"

"응. 둘씩 나눠 찾아보자고."

두산이의 얘기에 영웅이도 동의했다.

"그럼 우린 왼쪽을 찾아볼게. 상희야, 가자."

아이들은 양쪽으로 흩어져 해피를 찾았다.

"해피야!"

"해피야! 어디 있어?"

하지만 해피는 어디에도 없었다. 다시 등산로 입구에 모인 아이들. 상희가 울먹였다.

"또 다른 데로 갔나 봐. 영영 못 찾으면 어떡해."

제인이가 위로했다.

"울지 마. 낮부터 저녁때까지 이 근처에 있었으니까 아직 여기 있을 거야. 게다가 사고를 당한 것도 아니고, 누가 데려간 것도 아니니까 얼마나 다행이니?"

맞는 말이다. 그게 제일 걱정이었는데 사람들이 해피의 무사한 모습을 목격한 것만 해도 감사한 일이다.

그때 지도 수첩을 들여다보던 두산이가 지도 위의 한곳을 가리키며 말했다.

"혹시 여기 있는 건 아닐까?"

모두 두산이가 가리키는 곳을 봤다.

"여기서 등산로를 따라 조금만 올라가면 빈집이 하나 있거든. 거기 있지 않을까?"

"한번 가 보자."

모두 그쪽으로 향했다. 두산이 말대로 한 30미터쯤 올라가자 정말 빈집이 하나 나왔다. 이미 날이 컴컴해져 아무것도 보이지 않았다. 아이들은 휴대전화 화면의 불빛으로 빈집 구석구석을 비추며 해피를 찾기 시작했다.

그런데 바로 그때였다.

"왈왈왈!"

집 뒷마당 쪽에서 강아지 짖는 소리가 들리는 게 아닌가!

"해피다!"

소리만 듣고도 상희는 금세 알아차렸다. 아이들은 뒷마당으로 뛰어가며 해피를 불렀다. 그리고 막 뒤뜰에 들어섰을 때 강아지 한 마리가 서서 짖고 있는 게 보였다. 상희가 소리쳤다.

"해피야!"

해피도 얼른 달려와 상희에게 안겼다.

"왈왈왈!"

정말 해피였다. 드디어 해피를 찾은 것이다. 아이들은 감격스러워 눈물이 날 것 같았다.

"해피야, 얼마나 찾았는데. 무서웠지?"

상희가 품에 안은 해피를 어루만지며 눈물을 글썽였다. 제인이도 해피를 쓰다듬으며 말했다.

"무사해서 정말 다행이다."

아이들은 해피를 데리고 산에서 내려왔다. 환한 곳으로 오자 상희가 말했다.

"고마워, 두산아. 네 덕분에 찾았어."

"아니. 뭘."

두산이가 쑥스러운 듯 머리를 긁적였다.

"너희도 고마워."

상희는 영웅이와 제인이에게도 인사했다. 갈림길까지 오자 아이들은 다음에 만나기로 하고 헤어졌다.

　영웅이도, 상희도, 제인이도 모두 흩어져 각자 집으로 가는데, 두산이가 제인이에게 말했다.

　"집이 어디야? 늦었으니까 데려다줄게."

　순간, 영웅이는 자기도 모르게 걸음을 멈췄다. 제인이가 대답했다.

　"아니야. 나 혼자 갈 수 있어."

　그러더니 쏜살같이 가 버리는 제인이. 두산이는 그 모습이 귀엽다는 듯 웃었다. 뒤이어 두산이도 가고, 영웅이도 발길을 돌렸다. 그런데 영웅이는 기분이 좀 이상했다. 왠지 찜찜한 느낌이랄까.

　'조금 전까지만 해도 해피를 찾은 기쁨에 즐거웠는데 왜 갑자기 이런 기분이 드는 거지?'

　아무리 생각해도 영웅이는 이유를 알 수 없었다.

 새로운 시작

집에 돌아오자 아빠와 엄마는 기다렸다는 듯 물었다.
"상희네 강아지 찾았니?"
"네. 찾았어요."
그러자 아빠가 영웅이의 어깨를 두드리며 말했다.
"고영웅, 이러다 진짜 형사 되는 거 아냐? 역시 나를 쏙 빼닮았어."
"무슨 소리예요. 영웅이는 날 닮은 거 몰라요?"
엄마의 말에 아빠도 물러서지 않았다.
"뭐 생김새는 당신을 많이 닮았지만 착한 마음씨는 날 닮은 거지."
가만, 지금 이게 무슨 상황인가? 영웅이가 자기를 닮았다고 부모님이 서로 옥신각신하다니! 정말 보기 힘든 광경이다. 내일은 해가 서쪽에서 뜨려나? 오늘따라 제인이도, 엄마도, 아빠도 영웅이가 전혀 예상치 못한 행동을 하니 말이다.

그런데 방에 들어온 영웅이는 번쩍 생각나는 게 있었다. 바로 영웅이가 제일 좋아하는 '어린이 과학 형사대 CSI.' 1기부터 2기, 3기에 이르기까지 각종 사건들을 척척 해결하는 유명한 형, 누나들이다. 영웅이는 CSI 팬카페 회원이기도 하다. 그러고 보니 해피를 찾은 것뿐 아니라 지난번 화재 사건을 해결한 것도 마치 CSI 형사들이 하는 일과 비슷하다는 생각이 들었다.

'어쩌면 나도 할 수 있지 않을까?'

갑자기 의욕이 샘솟았다. 하지만 문제가 있었다. 아주 큰 문제. 바로 영웅이는 과학을 못한다는 것. 다음 순간, 번쩍!

'맞다, 사회! 과학 말고 사회는 나도 좋아하잖아.'

다른 건 몰라도 사회 과목 하나만은 점수가 잘 나왔다. 수업 시간도 언제나 재미있었다. 게다가 지난번 화재 사건 때 공공 기관에 대한 원한이라는 결정적 단서를 떠올린 것도 사회 관련 책들을 다양하게 읽은 덕분이었다.

"사회 형사대 CSI! 바로 그거야!"

영웅이는 좋아서 소리를 질렀다. 그리고 생각했다.

'나 말고 회원은 누구로 하지?'

영웅이는 머릿속에 자연스레 떠오르는 얼굴들이 있었다.

다음 날, 영웅이는 학교에 가자마자 제인이에게 자신의 계획을 얘기하고 같이 하자고 제안했다. 제인이는 황당한 표정으로 물었다.

"어린이 사회 형사대 CSI 클럽?"

"응. 어때? 멋지지?"

제인이는 기가 막혔다. CSI라니, 말이 되나? 동네에서 벌어진 사건 몇 번 해결했다고 아무나 할 수 있는 게 아니지 않은가! 제인이는 단칼에 거절했다.

"공짜로? 아니, 공짜가 아니어도 싫어."

그럴 줄 알았다는 듯 영웅이는 비장의 무기를 꺼냈다.

"빚 갚아. 지난번에 빚졌다고 꼭 갚겠다고 했잖아."

소원 하나를 들어주겠다고 한 약속을 지키라는 뜻이었다. 순간, 제인이는 머리를 굴렸다.

'그래. 뭐 얼마나 오래 하겠어? 길어야 한 달이지.'

제인이는 영웅이가 연쇄 방화범을 잡아 경찰서장에게 감사패까지 받고, 또 상희네 강아지도 찾아 줬으니 잠시 우쭐한 기분에 하는 얘기라고 생각했다. 얼마 못 가 흐지부지될 게 뻔하다. 그러니 굳이 안 하겠다고 버틸 이유가 없었다. 제인이는 인심 쓰듯 말했다.

"알았어. 할게. 그런데 우리 둘이 뭘 하냐?"

"둘 아니야. 한 명 또 있어."

"누구?"

"학교 끝나고 공원에서 만나기로 했어."

그런데 방과 후 영웅이랑 공원으로 간 제인이는 깜짝 놀랐다. 만나기로 했다는 아이가 바로 백두산이었기 때문이다. 두산이가 반갑게 손을 흔들며 말했다.

"안녕? 같이 잘해 보자."

물론 두산이는 지도에 대해서는 완전 박사다. 그러니 영웅이가 만들겠다는 사회 형사대 CSI 클럽에 꼭 필요한 인물이긴 하다. 영웅이는 잔뜩 들떠서 말했다.

"클럽 이름은 '어린이 사회 형사대 CSI.' 좋지?"

"그래 좋네. 가만, 그런데 어디서 많이 들어 본 이름이다?"

두산이의 질문에 제인이가 대답했다.

"'어린이 과학 형사대 CSI'에서 베낀 거잖아."

"어허, 베끼다니! 그걸 벤치미팅한 거지, 헤헤."

영웅이의 대답에 제인이는 웃음을 터뜨렸다.

"뭐? 벤치미팅? 푸하하하! 벤치마킹이겠지. 경쟁 업체의 경영 방식을 분석해 좋은 점을 배우면서 끊임없이 혁신을 추구한다는 뜻의 경영 기법은 벤치마킹이라고."

그러자 두산이가 영웅이 편을 들었다.

"에이, 원래 뜻은 그렇지만 우리가 지금 벤치 앞에서 만나고 있으니까 벤치미팅도 맞지, 뭐."

"맞다, 그러네!"

"하하하."

맞장구를 치며 좋다고 웃는 고영웅과 백두산. 제인이는 할 말을 잃었다. 왠지 앞날이 험난할 것만 같은 생각이 들었기 때문이다. 괜히 엮여서 골치 아프고 성가신 일들에 휘말리는 건 아닌지. 하지만 일단 하겠다고 했으니 이제 와 뒤집을 수도 없는 노릇이다. 영웅이가 손을 내밀었다.

"우리 파이팅하자."

두산이는 신 나서, 제인이는 마지못해 손을 내밀었다.

"하나, 둘, 셋! 파이팅!"

"파이팅!"

"파이팅."

두산이가 들려주는 사건 해결의 열쇠

잃어버린 지 하루가 지난 강아지를 찾기란 쉽지 않은 일. 하지만 동네를 네 구역으로 나눠 샅샅이 뒤진 끝에 강아지를 찾을 수 있었던 건 지도를 잘 활용했기 때문이야.

지도란?

지도는 위에서 내려다본 실제 땅의 모습을 작게 줄여서 여러 가지 기호를 이용해 그린 그림이야. 지도를 이용하면 산과 강, 논과 밭 등의 자연환경과 시, 도, 구, 군 등의 행정 구역이나 도로, 학교, 병원, 관광지 등의 생활환경을 쉽게 알 수 있어. 또 가 보지 못한 길이나 장소도 지도를 보고 찾아갈 수 있지.

예전에는 종이 지도를 주로 썼지만 요즘은 통신의 발달로 인터넷이나 휴대전화의 지도 찾기 프로그램으로 언제, 어디서나 지도를 이용할 수 있어.

〈여러 가지 지도〉

지도에 쓰이는 약속

지도에는 약속된 표시가 여러 가지 있어. 실제 땅의 모습을 간단히 옮겨야 하고, 지도를 보고 누구나 쉽게 이해할 수 있게 하기 위해서야. 어떤 약속들이 있는지 알아볼까?

1) 방위

방위란 동서남북을 기준으로 정한 방향을 말해. 왼쪽, 오른쪽, 앞쪽, 뒤쪽 등은 기준이 되는 건물이나 사람이 향한 방향에 따라 달라지지만, 방위는 언제 어디서나 일정하지. 그래서 방위를 알면 누구나 쉽게 방향을 찾을 수 있어.

방위는 방위표를 이용해 나타내는데, 보통 동서남북을 숫자 4 모양으로 그린 4방위표를 많이 사용해.

〈4방위표와 8방위표〉

2) 그림 기호와 지도 기호

땅이나 건물의 실제 모습을 그대로 지도 위에 그리려면 시간이 많이 걸릴 뿐 아니라 지도가 너무 복잡해져. 그래서 그릴 때도 간단하고, 볼 때도 누구나 쉽게 알 수 있도록 그림 기호 또는 지도 기호를 사용하지.

그림 기호는 하는 일이나 건물의 특징, 모양을 본떠 그림으로 나타낸 기호야. 그래서 쓰는 사람마다 그림 기호의 모양이 달라질 수 있지.

지도 기호는 그림 기호보다 간단하고 알아보기 쉽게 만든 것으로, 사람들이 약속하여 미리 정했기 때문에 서로 다르게 해석하는 불편이 없어.

〈지도 기호〉

3) 축척

지도는 실제 모습을 일정한 비율로 줄여서 그린 거라고 했지? 그 일정한

1 : 200,000	비율로 나타내기
$\dfrac{1}{200{,}000}$	분수로 나타내기
0　2km　4km	축척자로 나타내기

〈축척을 나타내는 방법〉

비율을 '축척'이라고 해. 실제 거리를 지도에 얼마나 줄여 놓았는지를 나타내는 표시지. 만약 축척이 1:200,000이라고 쓰여 있으면 지도에서 1센티미터가 실제로는 200,000센티미터, 즉 2킬로미터를 가리킨다는 뜻이야.

4) 색과 등고선

색으로 땅의 높낮이와 바다의 깊이를 나타내. 땅의 낮은 곳은 초록색으로 나타내고, 높아질수록 노란색, 갈색, 고동색의 순서로 나타내. 강이나 바다는 깊을수록 파란색이 진해져.

지도에는 바닷물의 표면을 기준으로 땅의 높이가 같은 곳을 선으로 이은 등고선도 있어. 한 선으로 연결된 곳은 높이가 같다는 뜻이지.

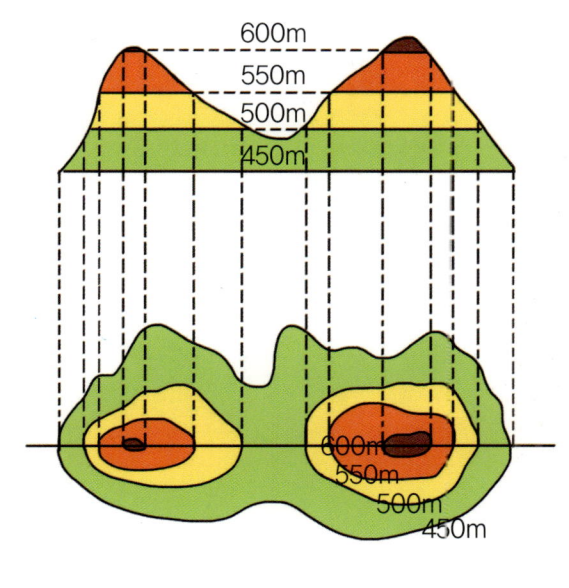

〈색과 등고선〉

그러니까 생각해 봐. 사라진 강아지 해피를 찾기 위해 동분서주했지만 찾을 수 없었지. 하지만 동네의 모습을 정확하게 그린 지도를 이용해 동서남북에 골고루 전단지를 붙이고, 강아지가 있을 만한 곳을 가 본 덕분에 해피를 찾을 수 있었어.

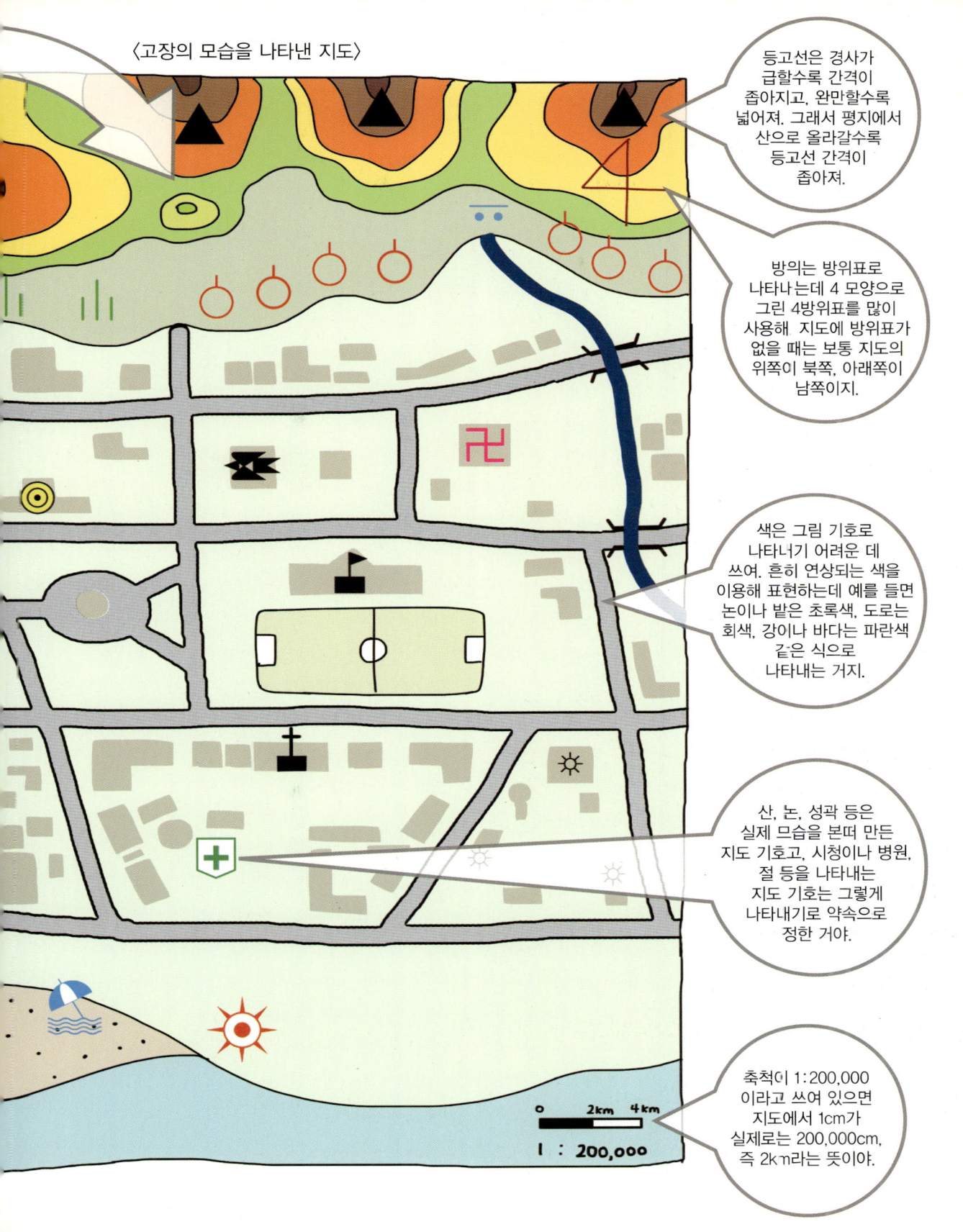

핵심 학습 주제 **삼국 시대의 전성기**

일반 사회 | 지리 | **역사** | 경제 | 정치

지도에 숨은 암호

영웅이는 더 이상 참을 수 없었다. 어떻게든 참으려고
다리를 비비 꼬아 봤지만 결국 일이 터지고 말았다.
"뽀옹~."
귀여운 소리와 함께 쾌쾌한 냄새가 차 안 가득 퍼져 나갔다.

사건을 찾아라!

야심차게 출발한 어린이 사회 형사대 CSI 클럽. 그런데 문제는 출발만 했지, 맡아서 해결할 사건이 없다는 점이었다.

"얘들아, 내가 어린이 사회 형사대 CSI 클럽을 만들었어. 해결해야 할 사건이 있으면 의뢰해 줘."

영웅이가 이렇게 말하면 친구들은 대부분 시큰둥했다.

"어린이 과학 형사대 CSI 짝퉁이야?"

"클럽? 축구 클럽 말이야?"

'어린이 과학 형사대 CSI'가 워낙 유명한 데다 처음부터 벤치미팅, 아니 벤치마킹한 거니까 짝퉁이라고 생각할 수도 있다고 치자. 하지만 축구 클럽은 좀 심하지 않은가.

"아니 그런 게 아니라 말하자면 탐정 같은 거지."

"맞다. 너 경찰서에서 감사패까지 받았잖아. 탐정도 하고 멋지다."
하지만 다들 말뿐이었다. 어른들은 더했다.
"아, 심부름센터구나!"
"아니요. 탐정 클럽 같은 거예요. 사건을 해결하는."
"그래. 탐정 놀이 재미있지. 하하하."

상황이 이렇다 보니, 광고지까지 만들어 나눠 주고 다녔지만 두 주가 넘도록 사건 의뢰는커녕 관심 갖는 사람조차 없었다. 영웅이 엄마도 쓸데없는 일 하지 말고 공부나 하라고 하셨지만 다행히 아빠가 편을 들어 주셨다.

"열심히 해 보겠다는데 그냥 둬요."

영웅이는 안 되겠다 싶어, 토요일 아침 일찍 CSI 아이들을 불러 모았다. 그래 봐야 제인이와 두산이, 딱 두 명뿐이지만. 두산이가 말했다.

"나도 여기저기 얘기는 해 놨는데, 다들 장난치는 줄 알더라고."
"당연하지. 누가 우릴 믿고 사건을 의뢰하겠어? 나 같아도 안 하지."

제인이가 뾰족하게 말했다. 솔직히 제인이는 잘된 일이라고 생각했다. 이러다 말겠지 했던 예상이 딱 들어맞고 있으니까 말이다. 두산이가 영웅이의 어깨를 두드리며 위로했다.

"좀 더 기다려 보자. 기회가 있겠지."

영웅이는 더 이상 할 말이 없었다. 클럽을 만들고 한껏 들떴었는데 사건을 맡지 못하니 기운이 빠졌다.

그런데 집으로 돌아오는 길에 문득 생각이 났다.

'혹시 경찰서에 도와드릴 일이 없을까?'

영웅이는 얼른 경찰서로 갔다. 토요일인데 경찰서는 더 바쁜 것 같았다. 성 반장이 보이지 않아 영웅이는 옆자리 양 형사에게 물었다.

"안녕하세요? 지난번에 인사드렸던 고영웅이에요. 그런데 성 반장님은 어디 가셨어요?"

"어, 그래! 감사패 받았었지? 반장님은 사건 때문에 나갔는데."

사건! 영웅이는 귀가 솔깃했다.

"무슨 사건이요?"

"마약 사건."

양 형사는 서류를 정리하느라 바쁜 듯 계속 눈과 손을 움직이며 말했다. 그때였다.

"빨리 뜯어 봐."

성 반장이 경찰서로 들어오며 따라 들어오는 박 형사에게 말했다. 영웅이는 재빨리 다가가 인사했다.

"안녕하세요?"

"어, 안녕?"

성 반장이 인사를 받아 주긴 했지만 영웅이를 알아보고 인사한 게 맞나 싶었다. 성 반장은 정신이 온통 박 형사가 들고 들어온 택배 상자에 가 있었다.

'저게 뭔데 그러지? 가만, 마약 사건이라고 했으니까 혹시 마약?'

영웅이는 호기심이 생겼다. 박 형사가 상자를 봉한 테이프를 칼로 자르기 시작하자, 성 반장이 말했다.

"절대 티 나면 안 돼."

박 형사가 대답했다.

"에이, 한두 번 해 봅니까? 걱정 마세요."

양 형사도 호기심이 생기는지 물었다.

"이게 필리핀에서 들어왔다는 거구나. 그런데 진짜 마약 맞대?"

박 형사가 대답했다.

"네. 사람들이 개 코, 개 코 하는 게 왜 그런지 알겠더라고요. 마약 탐지견이 바로 찾아냈어요."

그러니까 필리핀에서 온 택배 상자를 공항의 마약 탐지견이 냄새만 맡고 마약이 들어 있음을 알아냈고 그 상자를 바로 가져왔다는 말이다.

"그럼 그냥 이 주소지로 가서 잡아 오면 되잖아."

양 형사의 얘기에 박 형사가 테이프 자르던 걸 멈추고 대답했다.

"그건 안 되죠. 한 달이나 수사한 사건인데. 파는 사람, 사는 사람, 한꺼번에 일망타진해야죠."

마약을 공급하는 사람과 사려는 사람을 한꺼번에 싹 잡아들이겠다는 뜻인가 보다.

"그만 떠들고 빨리 뜯어."

성 반장의 재촉에 박 형사는 금방 상자를 활짝 열었다. 모두의 시선이 상자 안으로 쏠렸다. 영웅이도 슬쩍 상자 속을 봤다. 그런데 이게 뭔가! 상자 안에는 말린 바나나 봉지만 가득 들어 있었다.

'뭐야? 잘못 찾은 거 아니야?'

영웅이가 막 그런 생각을 하고 있는데, 성 반장이 말린 바나나를 들추고 하얀 가루가 담긴 봉지를 꺼냈다. 그러더니 씩 웃으며 말했다.

"이거네."

"우아! 이게 진짜 마약이에요?"

영웅이는 너무 신기해 저도 모르게 물었다.

"그래. 이 정도면 몇 백 명이 한꺼번에 투약할 수 있는 양이지."

성 반장이 대답하더니, 다시 놀란 표정으로 물었다.

"어! 고영웅 너 언제 왔어?"

성 반장은 이제야 영웅이를 알아봤다. 영웅이가 대답했다.

"저 아까 인사했는데요?"

"그랬어? 정신이 없어서……. 그런데 애들은 이런 거 보면 안 돼."

그러더니 얼른 마약 봉지를 제자리에 넣으며 박 형사에게 상자를 처음처럼 닫으라고 했다. 그때 박 형사가 상자 안에서 종이 한 장을 꺼내며 말했다.

"어, 이건 뭐죠?"

모두의 눈이 다시 종이에 쏠렸다. 성 반장이 종이를 받아 펼쳐 보니 다름 아닌 우리나라 지도였다. 그리고 제일 위에는 '4.10.15'라고 쓰여 있었다. 박 형사가 눈이 동그래져 물었다.

"이 숫자는 뭐죠?"

성 반장이 고개를 갸웃하더니 말했다.

"4월 10일, 15시?"

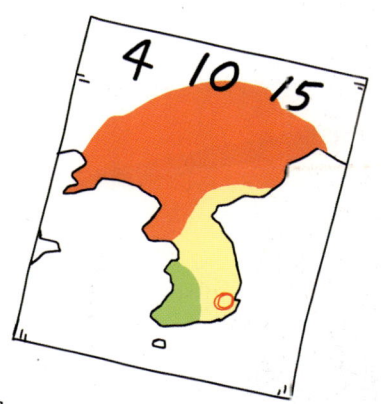

"맞다! 그거네!"

양 형사와 박 형사가 동의했다.

가만, 그렇다면 오늘 오후 세 시! 성 반장이 다급하게 말했다.

"빨리 지도 복사하고, 상자 다시 포장해."

박 형사가 얼른 지도를 받아 복사한 뒤 복사본을 성 반장에게 주었다. 성 반장은 지도를 보며 말했다.

"여기, 이 동그라미. 장소를 표시한 것 같은데. 여기가 어디지?"

그러자 같이 보던 양 형사가 말했다.

"어, 여긴 경준데. 제 고향이 경주잖아요."

"그럼 오후 세 시에 경주에서 만난다는 말이야? 지금이 벌써 열한 시인데! 박 형사, 포장 다 했어?"

"다 해 가요."

박 형사가 서둘러 포장하는 동안 성 반장은 복사한 지도를 호주머니 속에 넣었다. 그사이 영웅이는 먼저 슬쩍 빠져나왔다. 포장을 마치고, 성 반장과 박 형사는 다급하게 뛰어나갔다. 빨리 택배를 주소지에 전달하고 범인들을 추적하려는 것이다.

혼쭐난 고영웅

다행히 택배의 주소지는 멀지 않았다. 10분쯤 차로 달려 도착한 한 아파트. 박 형사는 재빨리 택배 배달원으로 위장하고, 택배 상자를 전달하러

올라갔다. 현관문이 밖에서도 보이는 복도형 아파트였다. 성 반장은 범인의 집이 잘 보이는 위치에 차를 주차하고 지켜봤다.

박 형사는 3층으로 올라가 307호의 벨을 눌렀다. 한 남자가 나왔다. 성 반장은 휴대전화로 남자의 얼굴을 찍더니 혼잣말을 했다.

"최진기, 기대해라. 흐흐흐."

성 반장이 한 달 동안 수사해 찾아냈다는 범인이 맞나 보다. 박 형사는 택배를 주고 돌아서 나왔다. 남자가 집 안으로 들어가자, 복도를 지나오던 박 형사가 성 반장을 향해 엄지손가락과 집게손가락으로 동그라미를 그려 보였다. 역시 맞다는 뜻.

성 반장은 다시 시계를 들여다보며 혼잣말을 했다.

"지금 시간이 11시 20분. 곧바로 출발해도 차로 경주까지 가는 건 무리지. 그래, KTX!"

그러더니 바로 KTX 안내에 전화를 걸었다.

"서울에서 경주까지 얼마나 걸리죠? 아, 2시간 11분 정도요. 지금부터 가장 빠른 차편은요? 12시 15분 출발, 2시 26분 도착. 이거네. 감사합니다."

전화를 끊고 이번엔 서울역 경찰서에 전화를 걸었다.

"이 반장, 나 성동민이야. 협조 좀 부탁해. 이름은 최진기. 서울역에서 12시 15분에 출발하는 경주행 KTX를 탈 예정이야. 사진 보낼 테니까 혹시 우리가 놓치면 꼭 따라붙어 줘."

최진기가 3시까지 경주에 닿으려면 KTX를 타고 갈 것이고, 성 반장이 그를 미행하다 놓치면 서울역 경찰서 쪽에서 미행해 달라고 부탁해 둔 것이다. 마침 박 형사가 차로 돌아와 말했다.

"곧 나오겠죠?"

"그렇겠지. 그 숫자가 만날 날짜와 시간을 가리키는 게 맞다면."

그런데 그때였다. 영웅이는 더 이상 참을 수 없었다. 어떻게든 참으려고 다리를 비비 꼬아 봤지만 결국 일이 터지고 말았다.

"뽀옹~."

귀여운 소리와 함께 쾌쾌한 냄새가 차 안 가득 퍼져 나갔다. 깜짝 놀란 성 반장과 박 형사가 뒤돌아보며 소리쳤다.

"뭐야? 누구야?"

그제야 뒷자리에 웅크리고 숨어 있던 영웅이가 고개를 빼꼼히 내밀며 미안한 표정으로 말했다.

"죄송해요."

"아유, 냄새!"

박 형사가 코를 틀어막고 창문을 내리려고 하자 급히 성 반장이 말렸다.

"열지 마. 들키고 싶어?"

"아, 죄송해요."

성 반장은 얼른 다시 최진기의 집을 살피며 소리쳤다.

"고영웅, 내려! 빨리!"

"아니, 저도……."

영웅이는 자신도 같이 수사에 참여하고 싶다는 말을 하려고 했다. 그런데 말을 마치기도 전에 박 형사가 다급하게 말했다.

"나왔어요."

영웅이도 얼른 최진기의 집을 봤다. 최진기가 황급히 나오더니 복도를 뛰어갔다. 택배 상자가 없는 걸로 봐서 가방에 마약만 따로 챙긴 게 분명했다.

성 반장이 다시 다급하게 소리쳤다.

"내리라고! 빨리!"

"네, 네."

영웅이는 당황해 얼른 차에서 내렸다. 그리고 혹시나 최진기한테 들킬까 봐 옆에 세워진 차 뒤로 가서 재빨리 몸을 숙였다. 바로 그때 최진기가 아파트 주차장에 나타났다. 그러더니 차를 몰고 쌩하니 출발했다. 정말 지도에 쓰여 있던 숫자가 만날 시간을 나타내는 게 맞나 보다. 그렇다면 최진기는 지금 경주로 가는 길이 분명하다.

최진기의 차가 아파트 단지를 벗어나자 성 반장의 차도 그 뒤를 따랐다. 그 모습을 보고서야 영웅이는 웅크렸던 몸을 폈다.

낯선 동네에 덩그러니 남겨진 영웅이. 영웅이는 속상했다. 형사들을 도와 사건을 해결하고 싶은 마음에 먼저 나와 성 반장의 차에 타고 있었다. 다행히 차 문이 열려 있었다. 그런데 눈치 없는 방귀 때문에 들키고 만 것이다. 게다가 화를 내는 성 반장의 모습을 보니, 큰 잘못을 한 것 같아 마음이 무거웠다. 영웅이는 어깨가 축 처져서는 터덜터덜 집으로 돌아왔다.

"아침부터 어딜 갔다 오니?"

집에 들어가자 엄마가 물었다.

"친구 만났어요."

영웅이는 대강 대답하고 자기 방으로 들어갔다. 뒤에서 엄마와 사리가 얘기하는 소리가 들렸다.

"쟤 왜 저러니? 힘이 하나도 없네."

"실연당했나 보죠."

"실연? 누구한테?"

영웅이는 방문을 닫았다. 다른 때 같았으면 헛소문을 퍼뜨리는 사리를 가만두지 않았을 것이다. 하지만 지금은 그럴 기분이 아니었다.

책상에 앉았지만 영웅이는 아까 사건이 자꾸 떠올랐다.

처음엔 성 반장에게 죄송한 마음이었다가 그다음엔 방귀를 뀌는 바람에 추적에 못 따라간 게 아쉬웠다. 그리고 점차 잡았을까, 못 잡았을까 궁금해졌다. 책만 펴 놨지, 머릿속에는 온통 사건 생각뿐이었다.

시간을 보니 12시 20분. 지금쯤이면 최진기가 경주행 KTX를 탔을 시간이다. 만약 추적에 실패하지 않았다면 성 반장과 박 형사도 같이 열차를 탔을 것이고, 실패했더라도 서울역 경찰서에서 범인을 미행 중일 것이다.

'에이, 뭐 잘 잡으시겠지.'

그러다 영웅이는 문득 아까 본 지도가 떠올랐다. 얼른 우리나라 전도를 펼쳤다. 경주가 어디 있나 찾아보니 정말 아까 동그라미가 그려진 위치가 맞았다.

'경주까지 가서 범인들 잡아오려면 이따 늦게나 서울에 오시겠네.'

오늘은 성 반장이 늦은 시간에 서울에 올 거고 내일은 일요일이니 영웅이는 월요일쯤에나 경찰서에 가 봐야겠다고 생각했다.

사라진 범인

그날 오후 세 시쯤, 영웅이는 축구나 할까 해서 학교 운동장에 나가 보기로 했다. 지금쯤이면 친구들 몇 명은 축구를 하고 있을 시간이다. 그런데 막상 집을 나서자 다시 경찰서 일이 신경 쓰였다.

'어떻게 됐나 궁금한데 가서 한번 볼까?'

학교로 가는 길과 경찰서로 가는 길의 갈림길에서 영웅이는 한참 고민했다. 결국 영웅이가 향한 곳은 경찰서 쪽이었다.

'들어가진 말고 지나가면서 슬쩍 분위기만 보자.'

그런데 막 경찰서 앞에 도착했을 때 양 형사가 나오는 게 보였다. 영웅이는 반가운 마음에 얼른 뛰어가 물었다.

"양 형사님!"

"어, 고영웅! 왜 또 왔어?"

"어떻게 됐어요? 범인 잡혔어요?"

"범인? 아, 아까 그 사건? 아니, 신서동에서 갑자기 사라졌대."

"신서동이요?"

"응. 일방통행 길에서 잠깐 차를 놓쳤었는데, 차만 남겨 두고 감쪽같이 사라졌대. 그래서 지금 찾고 있어."

"미행을 들킨 거네요?"

"그랬나 봐."

"범인이 미행을 따돌리고 KTX 탄 거 아니에요?"

"성 반장님이 바로 경찰 배치하고 신서동이랑 그 주변까지 샅샅이 뒤졌거든. 빠져나갈 시간이 안 된다는 거지."

그래도 혹시나 해서 서울역 경찰서 이 반장이 경주행 KTX에 타서 찾고, 다른 차나 택시를 타고 갔을 경우에 대비해 고속도로 요금소에도 수배령을 내렸지만 못 찾았다고 했다. 양 형사가 어깨를 으쓱하며 말했다.

"아무래도 경주에 가는 게 아니었나 봐."

"어? 아까 지도에 동그라미 친 곳, 경주 맞는데."

영웅이는 우리나라 전도에서 확인한 걸 떠올리며 말했다. 양 형사도 고개를 갸웃거렸다.

"내 말이! 그런데 괜히 헛다리 짚은 것 같기도 하다."

양 형사는 아까 경주가 맞다고 강력하게 주장했던 게 마음에 걸리는 모양이었다. 양 형사가 차에 타며 말했다.

"미안. 나도 지원 나가야 돼서."

"신서동에요?"

"응. 잘 가라."

양 형사는 차 문을 닫고 손을 한 번 흔들었다. 양 형사가 탄 차가 출발하는 모습을 보며 영웅이는 생각했다.

'경주가 아니라고? 그럼 동그라미 친 부분이 가리키는 게 뭐지?'

뭔가 의미가 있는 지도가 분명한데, 경주가 아니라면 도대체 뭘 나타내는 걸까? 순간, 영웅이는 두산이가 생각났다. 지도 하면 백두산이 아니던가! 영웅이는 두산이에게 전화했다. 물론 제인이에게도 전화해 빨리 공원으로 나오라고 했다.

"지도?"

두산이가 깜짝 놀라며 되묻자 영웅이가 설명했다.

"응. 분명히 우리나라 전도였어. 동그라미로 표시된 부분을 찾아보니까 경주가 맞더라고. 그런데 지금까지의 상황으로 보면 경주는 속임수였던 것 같단 말이지."

제인이가 의견을 말했다.

"가다가 추적당하는 걸 알고 약속 장소에 가는 걸 포기했겠지."

물론 그랬을 가능성이 크다. 하지만 혹시나 그 지도에 뭔가 다른 비밀이 숨어 있는 건 아닐까? 두산이도 궁금한지 지도 수첩을 꺼내 우리나라 전도를 펼치며 물었다.

"여기 표시해 봐. 동그라미가 어디에 그려져 있었는지."

영웅이는 아까 봤던 지도를 똑똑히 기억하고 있었다. 그리고 바로 그 자리에 동그라미를 그렸다.

"거긴 경주 맞는데."

두산이가 고개를 갸웃거렸다. 제인이가 물었다.

"동그라미만 그려져 있었어? 다른 표시는 없었고?"

"4.10.15.라고 쓰여 있었어. 그건 시간이 맞는 것 같아. 그러니까 범인이 택배를 받자마자 급하게 뛰어나갔겠지."

말을 하고 났는데, 영웅이는 갑자기 번쩍 생각나는 게 있었다. 바로 지도에 색이 칠해져 있었던 것.

"아, 잠깐! 색이 칠해져 있었어."

두산이가 말했다.

"색? 에이, 지도니까 당연히 칠해져 있었겠지. 그림 기호로 나타내기 어려운 경우 색을 칠해 나타내기도 하고, 또 땅의 높낮이도 색으로 나타내잖아."

"그런 게 아니라 세 가지 색으로 칠해져 있었어. 마치 지역을 나눠서 표시한 것처럼."

영웅이는 경찰서에서 본 지도를 떠올려 두산이의 지도 수첩에 선을 그으며 말했다.

"여기, 여기, 여기. 이렇게 세 구역으로 나눠져 있고, 아, 맞다! 위쪽은 중국 땅까지 칠해져 있었어."

"뭐? 중국 땅까지?"

제인이와 두산이는 둘 다 의아한 표정을 지었다. 제인이가 의문을 제기했다.

"만약 동그라미가 가리키는 곳인 경주가 함정이라면 이 색깔에 암호가 숨어 있는 게 아닐까?"

영웅이가 의견을 냈다.

"마약을 공급하는 담당 지역을 표시한 것일 수도 있어."

"중국 땅까지 칠해져 있었다면서? 그럼 북한도 포함됐을 텐데, 북한에도 마약을 공급한다고?"

두산이는 가능성이 적다고 했다. 영웅이도 다시 생각해 보니 그건 아

닌 것 같았다. 잠시 후 두산이가 말했다.

"혹시 옛날 지도 아닐까? 옛날엔 중국 땅의 일부도 우리 조상들의 땅이었잖아."

"에이, 그게 언제 적 얘긴데. 요즘 같은 최첨단 시대에 굳이 옛날 지도를 쓸 이유가 있을까?"

제인이는 손까지 내저으며 아닌 게 확실하다고 했다. 하지만 영웅이는 그럴듯하다고 생각했다.

"혹시 이게 암호를 푸는 힌트 아닐까? 옛날 지도라는 거."

만약 영웅이의 추리가 맞다면, 의문점은 제인이 말처럼 범인들이 왜 굳이 옛날 지도를 썼냐는 거다. 또 거기서 동그라미 표시는 무엇을 의미하는가 하는 점이다. 두산이가 아이디어를 냈다.

"우리끼리 이러지 말고 우리 반에 문하재라고 역사에 대해 진짜 잘 아는 애가 있는데 개한테 한번 물어볼까?"

"오, 그래! 빨리 연락해 봐."

영웅이의 재촉에 두산이가 하재에게 전화했다.

지도에 숨은 비밀

다행히 하재는 흔쾌히 나와 주었다. 그런데 멀리서 걸어오는 하재를 보고 영웅이와 제인이는 깜짝 놀랐다.

일단 하재는 키가 엄청 컸다. 커트 머리를 보나, 옷 입은 스타일을 보나, 또 걸음걸이를 보나 영락없는 남자아이 같았다.
"안녕?"
목소리까지 거칠거칠한데, 자세히 보니 여자아이가 아닌가! 영웅이가 당황하며 대답했다.

"아, 안녕? 난 남자인 줄 알았어."
그러자 하재가 말했다.
"맹인모상이라 했지."
영웅이가 무슨 소리인지 몰라 어리둥절해하자, 두산이가 설명했다.
"하하하. 하재가 좀 옛날 말을 많이 써. 하재네 할아버지가 독립운동을 하셨고, 아빠는 역사학과 교수님이시거든."
하재가 감기에 걸린 것처럼 거친 목소리로 말했다.
"맹인모상[盲人摸象]. 소경이 코끼리를 만진다. 전체를 보지 못하고 자신이 본 것이나 아는 것만 가지고 판단하려 한다는 뜻이지. 소경 맹, 사람 인, 찾을 모, 코끼리 상. 아, 참고로 소경은 장님을 말하는 거야."
"아!"
그러니까 겉모습만 보고 남자 같다고 얘기한

영웅이의 잘못된 판단을 꼬집는 말이었다. 영웅이는 할 말이 없었다.

사실 제인이는 더 놀랐다. 일단 하재는 제인이에 비해 머리 하나는 더 있는 큰 키에 남자아이처럼 투박해 보이는데도 어쩐지 세련된 분위기였다. 제인이뿐 아니라 제인이 주위의 여자아이들과는 전혀 다른 느낌이었다. 그런데 그 모습이 왠지 끌렸다. 제인이도 인사했다.

"고마워. 바쁜데 나와 줘서."

"바쁘진 않아."

하재는 간단명료하게 대답했다. 두산이가 지도 수첩을 보여 주었다.

"자, 자. 시간이 없으니까 자세한 얘긴 나중에 하고. 봐, 이 지도야."

하재는 두산이가 내민 지도를 받아 들고 잠시 아무 말 없이 들여다봤다. 그러더니 툭 내뱉었다.

"삼국 시대 지도네."

"삼국 시대?"

모두 동시에 물었다. 제인이가 아는 척을 했다.

"고구려, 백제, 신라. 이렇게 세 나라가 있던 삼국 시대?"

하재가 지도를 가리키며 말했다.

"응. 여기 제일 위쪽이 고구려. 중국의 요동과 만주 지역까지 한 구역으로 표시된 걸로 봐서 확실해. 그리고 여기 남서쪽으로는 백제, 동남쪽은 신라. 한강 유역을 신라가 차지하고 있는 걸 보니까 6세기 정도의 지도네. 삼국 중 신라가 전성기를 맞았을 때지."

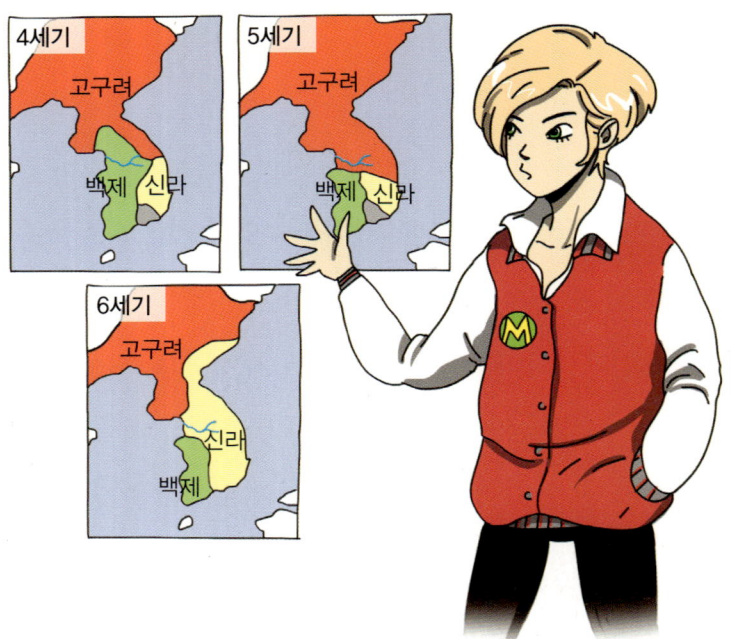

달랑 지도 하나만 보고 역사적인 사실을 줄줄이 설명하는 문하재. 아이들은 입이 쩍 벌어졌다. 하재는 설명을 이었다.

"역사적으로 한강은 아주 중요한 전략적 요충지였지. 삼국 시대 때도 마찬가지였어. 그래서 가장 먼저 한강 유역을 차지한 백제부터 전성기를 맞았어. 4세기 백제 근초고왕 때였지. 5세기에는 고구려 광개토 대왕과 장수왕이 전성기를 누렸고, 신라는 6세기 진흥왕에 이르러서야 한강 유역을 차지하면서 전성기를 누리게 됐지. 물론 그 후 삼국을 통일한 것도 신라였고."

"그렇구나!"

모두들 고개가 절로 끄덕여졌다. 영웅이가 물었다.

"그럼 여기 동그라미 친 건 뭘까?"

"지금은 경주지만 6세기에는 금성이라는 곳이었어."

"금성?"

제인이가 의문을 제기했다.

"똑같은 위치인데 불리던 이름이 다르다?"

순간, 영웅이는 번쩍 생각나는 게 있었다.

"진짜 그 위치를 가리키는 게 아니라 이름만 얘기하는 게 아닐까? 예를 들면 이름에 '금성'이라는 말이 들어간 곳을 가리키는 거지."

"맞다! 바로 그거야!"

두산이도 동의했다. 제인이가 얼른 의견을 냈다.

"신서동에서 갑자기 사라졌다고 했지? 신서동에 금성이라는 이름을 가진 곳이 있나 찾아보자. 가게나 아파트 같은 데 말이야."

두산이가 얼른 스마트폰으로 '신서동 금성'을 검색해 보았다.

잠시 후 나온 검색 결과, 있다!

"금성장! 숙박업소인데!"

두산이의 말에 아이들은 동시에 소리쳤다.

"거기야!"

영웅이가 말했다.

알에서 깨어나야 나라를 세운다?

삼국과 가야의 건국 이야기를 보면 아주 재미있어. 고구려는 알을 깨고 나온 주몽이, 신라는 박처럼 생긴 알에서 나온 박혁거세가, 가야 역시 알에서 깨어난 김수로가 세운 나라지. 백제를 세운 온조만 고구려를 세운 주몽의 아들이야. 건국 이야기들에서 알은 태양을 상징한다고 해. 따라서 알에서 태어난 지도자는 신비롭고 특별한 존재임을 나타내지.

"그럼 금성장에서 만나기로 했다는 건가? 마약을 사려는 사람들을?"

두산이가 의견을 말했다.

"성 반장님께 알리는 게 어떨까?"

제인이는 반대했다.

"그러다 또 아니면?"

영웅이도 망설여졌다. 아까 성 반장의 화난 모습이 다시 떠오르며 혹시라도 자신들이 잘못된 정보를 줘서 수사에 혼선만 일으키면 어쩌나 걱정됐다. 잠시 고민하던 영웅이가 말했다.

"우리가 가 보자."

제인이가 놀라 물었다.

"어디? 금성장에?"

"그래. 만약 최진기랑 딱 마주치더라도 우리는 어려서 의심하지 않을 거야."

두산이도 벌떡 일어나며 말했다.

"그래. 가 보자."

광개토 대왕릉비는 중국에 있다?

고구려의 제19대 왕이었던 광개토 대왕의 비석은 중국 지린성에 있어. 그의 아들인 장수왕이 아버지의 업적을 기리기 위해 세운 비석으로, 높이가 6.39미터나 되지. 비석의 네 면에는 고구려 왕실의 역사와 광개토 대왕의 업적이 모두 44줄 1,775자의 문자로 새겨져 있어. 5세기, 고구려가 요동 지역과 만주 지역까지 진출해 엄청난 위세를 떨쳤음을 증명하는 귀중한 유산이지.

제인이는 선뜻 내키지 않았지만 정말 자신들의 추리가 맞는지 궁금하기는 했다. 두산이가 하재에게 고맙다며 다음에 보자고 인사하는데 하재가 나섰다.

"나도 가지."

아이들이 동시에 물었다.

"너도?"

그러자 하재가 어깨를 으쓱하며 다시 물었다.

"왜? 안 돼?"

"아니, 안 될 건 없지. 그래, 같이 가자."

영웅이가 수락했다. 만약 자신들의 추리가 맞다면 단서를 알려 준 아이는 바로 하재다. 그런데 빼놓고 가는 건 의리 없는 일이다. 아이들은 하재와 함께 곧바로 신서동으로 향했다.

대활약을 펼치다

신서동에 도착하니 정말 골목 여기저기에 경찰들이 나와 있었다. 경찰이 지나가는 사람들 중에 의심 가는 사람을 세워 물어보는 걸로 봐선 아직 범인을 잡지 못한 게 분명했다. 성 반장도 어디선가 최진기를 찾고 있을 것이다.

아이들은 금성장을 찾아갔다. 5층짜리 허름한 숙박업소였다.

"들어가서 주인에게 물어볼까?"

두산이의 말에 제인이가 반대했다.

"그럼 금방 들키지."

바로 그때였다. 하재가 금성장을 가리키며 말했다.

"저기 저 사람 좀 봐."

다들 하재가 가리키는 곳을 보았다. 한 남자가 3층 창문을 열고 밖을 살피고 있었다. 영웅이는 깜짝 놀랐다. 아까 아파트에서 본 바로 그 남자, 최진기였다. 영웅이가 얼른 몸을 숨기며 말했다.

"그 사람이야!"

얼굴만 살짝 내밀고 주변을 두리번거리는 모습이 경찰이 있는지 살피는 것 같았다. 두산이가 긴장한 표정으로 물었다.

"이제 어떡하지?"

영웅이도 막상 최진기를 눈앞에 두자 콩닥콩닥 가슴이 떨리고 어떻게 해야 할지 떠오르지 않았다. 그때 제인이가 침착하게 말했다.

"어떡하긴. 빨리 성 반장님한테 알려야지."

역시 제인이는 급박한 상황에서도 냉정함을 잃지 않는다. 영웅이는 곧바로 성 반장에게 전화했다.

"반장님! 최진기 찾았어요. 금성장에 있어요."

성 반장은 버럭 화를 냈다.

"고영웅! 지금 장난칠 때가 아니야!"

성 반장은 방귀 사건 때문인지 영웅이의 말을 믿지 않았다. 제인이가 얼른 전화기를 빼앗아 말했다.

"성 반장님, 저 경제인인데요. 영웅이 말이 맞아요. 그 지도에 있던 암호를 저희가 다시 풀어 봤는데, 경주가 아니라 6세기 때 금성을 가리키는 거였어요. 그래서 신서동에 있는 금성장에 와 봤는데 조금 전 창문으로 내다본 남자가 바로 영웅이가 아파트에서 본 사람이에요."

"그래? 알았어. 당장 갈게."

성 반장은 전화를 끊고 황급히 아이들이 숨어 있는 골목으로 왔다. 같이 온 박 형사가 금성장을 가리키며 물었다.

"저기야? 최진기가 있는 데가?"

영웅이가 얼른 대답했다.

"네. 저기 3층 제일 처음 방에 있어요. 창문으로 내다보는 걸 똑똑히 봤어요."

성 반장이 명령을 내렸다.

"양 형사도 여기 와 있지? 뒤를 맡으라고 해."

"네!"

박 형사가 양 형사에게 전화를 걸고 나자 성 반장이 다시 명령했다.

"가자!"

영웅이는 저도 모르게 형사들을 따라가려 했다.

"저도 같이……."

그런데 제인이가 재빨리 말리며 눈짓을 보냈다. 가만히 있으라는 뜻. 그래, 이럴 때는 가만히 있는 게 도와주는 것이다.

성 반장과 박 형사가 금성장으로 들어가고, 아이들은 금성장 입구와 창문을 번갈아 가며 뚫어지게 쳐다보았다. 그때였다. 갑자기 창문이 벌컥 열리더니 최진기가 밖으로 뛰어내리려고 했다.

"어, 저 사람!"

하재가 제일 먼저 보고 소리쳤다. 다른 아이들도 놀라 소리를 지르려는데 그 순간, 최진기가 방 쪽으로 사라져 버렸다. 누군가 뒤에서 최진기를 방 안으로 잡아당긴 게 분명하다. 아이들은 어리둥절해 서로 쳐다봤다.

잠시 후 금성장 현관으로 남자 둘이 나왔다. 각각 박 형사와 양 형사에게 팔을 뒤로 잡힌 채였다. 그리고 뒤를 이어 성 반장이 최진기를 붙잡고 나왔다.

"잡았다!"

아이들은 신 나서 동시에 소리쳤다. 곧이어 요란한 사이렌 소리가 울리더니 경찰차 세 대가 도착했다. 아이들이 가까이 가자 성 반장이 말했다.

"고맙다, 고영웅! 이번에도 한 건 했구나!"

영웅이는 얼른 하재를 가리키며 대답했다.

"아니에요. 이번에는 하재가 알아낸 거예요."

"그래? 고맙다."

성 반장이 다시 하재에게 인사했다. 하재는 쑥스러운 듯 머리를 긁적였다. 그 모습이 정말 털털한 남자아이 같았다.

경찰차가 모두 떠난 뒤 영웅이도 하재에게 인사했다.

"정말 고마워. 네 덕분에 범인을 잡았어."

하재는 대답 없이 어깨를 한 번 으쓱할 뿐이었다. 역시 덤덤하다. 때마침 영웅이에게 좋은 생각이 떠올랐다.

"문하재, 너도 우리 CSI 클럽에 들어올래?"

"CSI 클럽?"

두산이가 설명했다.

"내가 말했잖아. 어린이 사회 형사대 CSI라는 클럽이라고."

"아, 그거. 생각해 볼게."

하재는 별로 내키지 않는 듯 간단명료하게 대답했다. 그때 제인이가 의문을 제기했다.

"왜 범인들은 옛날 삼국 시대의 지도를 암호로 썼을까?"

그러고 보니 궁금하다. 두산이가 말했다.

"들키지 않으려고 그랬겠지."

물론 그랬겠지. 그런데 왜 하필 삼국 시대 지도인가 말이다.

"나중에 성 반장님께 여쭤 보자. 분명히 이유가 있을 거야."

영웅이는 내일쯤 성 반장에게 전화해서 그 이유를 물어야겠다고 생각했다.

그런데 다음 날인 일요일 아침, 영웅이보다 성 반장이 먼저 전화를 했다. 아이들 모두 12시까지 경찰서로 오라는 것.

"마르고 키 큰 남자아이 있지? 그 아이도 꼭 데려오고."

성 반장도 하재가 남자아이인 줄 알았나 보다. 영웅이가 웃으며 여자아이라고 알려 주었다.

"그래? 그랬구나. 여하튼 그 아이도 같이 와라. 짜장면 사 줄게."

영웅이와 아이들은 신 나서 경찰서로 갔다. 그리고 성 반장과 양 형사, 박 형사까지 함께 근처 중국집으로 가서 맛있는 점심을 먹었다.

"어제 최진기와 같이 잡힌 사람들은 누구예요? 마약을 사려고 했던 사람들이에요?"

영웅이의 질문에 박 형사가 대답했다.

"응. 요즘 인터넷으로 마약 거래를 하는 사람들이 있거든. 우리가 한 달 전부터 꼬리를 밟고 있었지. 그러다 필리핀에 있는 마성근이라는 사람이 인터넷으로 마약 살 사람을 모집한다는 걸 알아냈어."

양 형사가 설명을 이었다.

"마성근이 마약을 항공 택배로 교묘하게 숨겨서 최진기에게 보내면 최진기가 마약을 사겠다고 접촉한 사람들에게 전해 주는 거지."

두산이가 물었다.

"그럼 마성근이라는 사람도 잡았어요?"

성 반장이 대답했다.

"잡았지. 오늘 아침에 필리핀에서 검거했다고 연락받았어. 지금 한국으로 송환 중이야."

"그런데 범인들은 왜 삼국 시대 지도를 암호로 쓴 거예요?"

제인이가 어제부터 궁금했던 것을 묻자 박 형사가 대답했다.

"우리도 궁금해서 물어봤지. 그랬더니 마성근이랑 최진기가 대학 선후배 사이더라고. 게다가 전공이 역사학이래."

원래 마성근은 필리핀에서 동아시아 역사를 공부하면서 박사 논문을 쓰고 있고, 최진기는 대학 졸업 후 국내에서 학원 강사로 일하고 있다는 것. 즉 둘 다 역사 전문가이기 때문에 둘만이 알아볼 수 있는 암호로 삼국 시대 지도를 이용한 거라고 했다.

그리고 이번 사건은 필리핀으로 유학을 간 마성근이 유학비를 마련하기 위해 시작한 범죄로, 필리핀에서는 마약을 구하기 쉽다는 점과 항공 택배를 이용하면 잘 들키지 않는다는 점을 이용해 최진기와 벌인 것이었다.

양 형사가 감탄했다.

"그나저나 너희 대단하다. 어떻게 그걸 알아냈냐?"

영웅이가 얼른 답했다.

"어제 말씀드렸잖아요. 하재가 알아냈다고요. 하재는 저희 CSI 클럽은 아니긴 한데요……."

그런데 하재가 영웅이의 말을 자르더니 이렇게 말했다.

"이제부턴 CSI예요."

가만, 그러니까 하재도 CSI 클럽에 들어오겠다는 얘기? 영웅이는 완전 신 났다. 두산이가 놀라 물었다.

"정말 CSI에 들어올 거야?"

"그렇다니까."

하재의 대답에 제인이는 어리둥절했다. 물론 제인이도 하재가 맘에 든다. 하지만 CSI니, 사회 형사대니 하는 게 얼마 못 가겠지 싶었는데 어쩌다 보니 큰 사건도 해결하고 인원도 늘어났다. 이러다 정말 CSI를 계속하게 되는 게 아닌가 불안했다.

제인이의 마음도 모르고 영웅이는 으스대며 형사들에게 CSI 광고지를 한 장씩 나눠 줬다.

"도움이 필요하시면 언제든지 전화하세요."

박 형사와 양 형사가 광고지를 보더니 웃음을 터뜨렸다.

"어린이 사회 형사대 CSI? 멋진데! 하하하."

아이들은 기분이 좋았다. 물론 제인이도 마찬가지였다. 여하튼 '어린이 사회 형사대 CSI'의 첫 번째 사건을 멋지게 해결했으니까.

하재가 들려주는 사건 해결의 열쇠

마약과 함께 들어 있던 지도. 그 지도가 가리키는 암호가 경주의 삼국 시대의 이름인 '금성'이었다는 것을 알아내 범인들을 잡을 수 있었던 건 삼국 시대의 전성기에 대해 잘 알았기 때문이야.

💡 삼국 시대란?

삼국 시대란 한반도가 고구려, 백제, 신라, 세 나라로 나뉘어졌던 시대를 말해. 4세기부터 7세기 중엽, 신라가 삼국을 통일해 통일 신라를 세우기 전까지지.

삼국은 백제, 고구려, 신라 순으로 전성기를 맞았는데, 모두 한강 유역을 차지한 때였어. 왜 한강 유역을 차지한 나라가 전성기를 맞게 되었을까?

한강은 한반도의 중심에 위치하고 있기 때문에 위나 아래로 진출하기가

〈삼국과 한강〉

쉽고, 바다를 통해 중국과 교류하기에도 좋은 지역이었어. 게다가 넓은 평야가 있어서 농사짓기도 좋았지. 즉 한강 지역을 차지하면 경제적, 지리적으로 유리했기 때문에 삼국은 서로 한강을 차지하려고 했고, 예상대로 한강을 차지한 나라가 전성기를 맞게 된 거야.

삼국의 전성기

1) 백제의 전성기

백제는 고구려를 세운 주몽의 아들인 온조가 남쪽으로 내려와 건국한 나라야. 넓은 평야가 있고 교통이 유리한 한강 유역에 자리를 잡아 농사짓기가 좋았고 황해를 통해 중국의 발전된 문물을 받아들이기 쉬웠어. 왕권을 강화하고 불교를 받아들이는 등 4세기 근초고왕 때 삼국 중에서 가장 먼저 전성기를 맞이했지.

〈백제의 전성기〉

2) 고구려의 전성기

고구려는 압록강 유역에서 건국되었어. 고구려를 건국한 주몽은 오녀산성을 최초의 도읍지로 삼았고, 이후 제2대 왕인 유리왕 때 압록강가인 국내성으로 도읍지를 옮기면서 영토를 더욱 넓혀 나갔지.

특히 5세기 광개토 대왕 때, 요동 지역과 만주 지역까지 진출해 영토를 넓혔어. 그의 아들 장수왕도 도읍지를 평양성으로 옮겨 한강 남쪽까지 차지하면서 100여 년 동안 전성기를 맞았지. 5세기의 고구려는 동북아시아의 최강국이었고, 중국과 대등한 외교를 맺었기 때문에 신라와 백제를 내려다보며 스스로 천하의 중심이라 여겼어.

3) 신라의 전성기

신라는 한반도의 남동쪽에 생긴 여러 부족 세력 가운데 사로

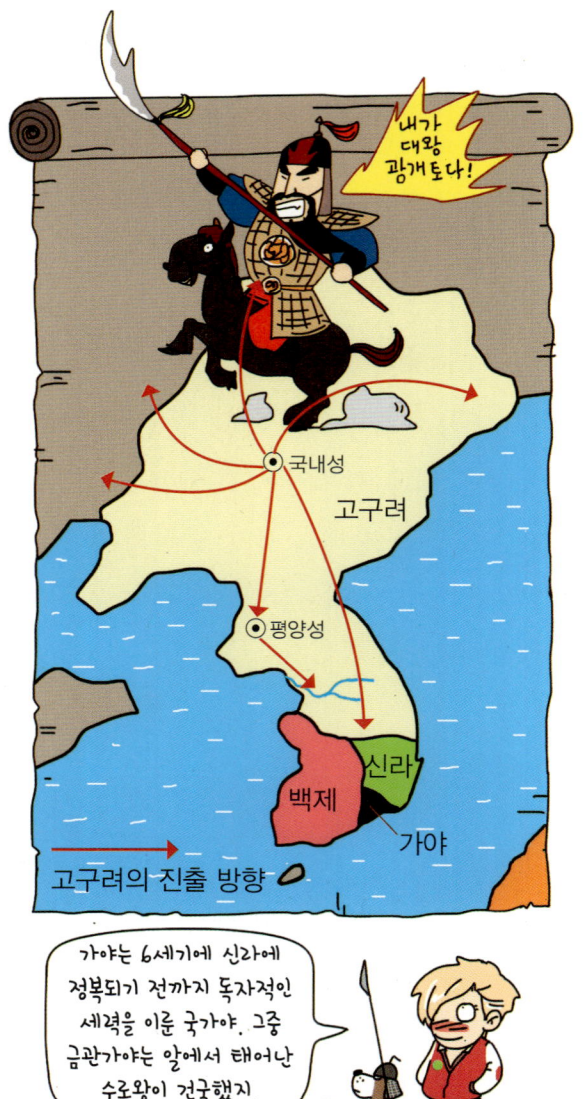

〈고구려의 전성기〉

〈신라의 전성기〉

국이라 불리던 나라가 발전한 거야. 6세기 진흥왕 때 한강 유역을 모두 차지하고 대가야를 정복하면서 전성기를 맞았지. 귀족 출신의 화랑과 그를 따르던 낭도들로 구성된 화랑도가 큰 기여를 했어. 우리가 잘 아는 김유신 장군도 아주 뛰어난 화랑이었고, 화랑도를 이끄는 지도자가 되어 삼국 통일의 기반을 닦았지.

그러니까 생각해 봐. 범인들이 마약 거래 장소를 지도에 표시했지간 단순히 장소를 나타내는 게 아니었지. 그 지도가 삼국 시대, 특히 신라 전성기의 지도라는 것과 금성이 경주의 옛 지명임을 알아냈고 이를 추리해 마침내 범인들을 잡을 수 있었어.

핵심 학습 주제 **금융과 금융 기관**

일반 사회 · 지리 · 역사 · **경제** · 정치

용의자가 이상해

"그래. 찾아보자. 수사에 조금이라도 도움이 될 거야.
그렇게 나쁜 사람은 꼭 잡아서 벌을 받게 해야 돼."
제인이의 말에 영웅이는 얼른 두산이와 하재를 불렀다.
우리가 해결해야 할 두 번째 사건이 터졌다고.

살인 사건이 발생하다

영웅이가 학교에 가자마자 창민이가 소란을 떨었다.

"영웅아, 알아? 살인 사건 난 거?"

"살인 사건? 어디서?"

"우리 집에서 나오면 슈퍼 하나 있지? 바로 그 옆집 지하 방에서."

그러자 제인이가 벌떡 일어나더니 놀란 얼굴로 물었다.

"슈퍼 옆집 지하 방?"

"그렇다니까. 내가 학교 오다가 경찰들이 출동해 있는 거 똑똑히 봤어. 사람들 못 들어가게 줄 같은 것도 쳐져 있었다니까."

제인이가 다시 물었다.

"다리 좀 저는 할머니?"

"맞아. 폐지 주우러 다니시는 할머니."

창민이의 말에 제인이는 풀썩 주저앉으며 말했다.

"어머, 어떡해……."

영웅이가 물었다.

"왜 그래? 아는 분이야?"

"응. 우리 할머니랑 친한 할머닌데……."

제인이는 눈물이 그렁그렁해졌다. 할머니는 자식도, 일가친척도 없는 외로운 분으로 혼자 지하 월세방에서 폐지를 주워 근근이 생활하는 분이었단다. 제인이 할머니보다는 연배가 낮지만 서로 친하게 지내셨다는 것이다. 그런데 어쩌다 그런 일을 당하셨는지……. 수업 시간 내내 제인이도, 영웅이도 마음이 좋지 않았다.

수업이 끝나자 제인이는 재빨리 책가방을 쌌다. 영웅이가 물었다.

"가 보려고?"

"응. 가 봐야지. 할머니한테도 알려 드리고."

"나도 같이 가."

영웅이의 말에 제인이는 고개를 끄덕였다. 그런데 제인이 할머니도 사건에 대해 벌써 알고 있었다. 시신은 부검을 위해 이미 옮겨진 상태라는 것.

"그럼 경찰서로 가 보자."

둘은 함께 경찰서로 갔다. 성 반장이 아이들을 반겼다.

"오, 고영웅, 경제인! 또 웬일이신가?"

영웅이가 물었다.

"오늘 아침에 살인 사건이 났다고 하던데…….."

"아! 김복순 할머니 사건! 소식 정말 빠르네. CSI라서 그런가?"

성 반장이 장난치듯 말하자 제인이가 굳은 얼굴로 말했다.

"저희 할머니 친구 분이세요."

"그랬구나."

성 반장은 장난친 걸 미안해했다. 영웅이가 물었다.

"어떻게 된 일인데요?"

"강도가 들었던 것 같아. 지금까지 수사한 결과로는."

집 안 물건이 다 흩어져 있었고 할머니가 칼에 찔려 거실 가운데에 쓰러져 있었다는 것이다. 제인이는 기가 막힌 표정으로 말했다.

"그 할머니 돈도 없는 분이에요. 폐지 모은 걸 팔아서 겨우겨우 생활하시는데."

"그래서 여러 각도로 수사하고 있어. 근처 수상한 사람과 목격자도 찾고 있고. 다행히 지문이 하나 발견됐으니까 감식 결과가 나오면 좀 더 분명해지겠지. 자, 그럼 난 바빠서 이만."

성 반장은 서둘러 경찰서를 나갔다. 영웅이는 제인이에게 말했다.

"제인아, 우리도 수상한 사람을 찾아볼까?"

"그래. 찾아보자. 수사에 조금이라도 도움이 될 거야. 그렇게 나쁜 사람은 꼭 잡아서 벌을 받게 해야 돼."

제인이의 말에 영웅이는 얼른 두산이와 하재를 불렀다. 우리가 해결해야 할 두 번째 사건이 터졌다고.

수상한 남자

사건에 대해 설명하자 두산이가 의견을 냈다.

"가난한 할머니를 살해했다면 돈이 목적이 아니라 혹시 원한에 의한 살인이 아닐까?"

하지만 제인이는 고개를 저었다.

"다른 사람한테 원한을 살 만한 분도 아니야. 얼마나 좋으셨는데."

하재가 말했다.

"등하불명[燈下不明]. 등잔 등, 아래 하, 아닐 불, 밝을 명. 즉 등잔 밑이 어둡다는 뜻. 어쩌면 범인은 아주 가까이에 있을지도 모르지."

그 말을 듣자 영웅이는 번쩍 떠오르는 사람이 있었다.

"맞다, 그 사람!"

아이들이 영웅이를 보며 동시에 물었다.

"누구?"

"우리 동네에 진짜 수상한 사람이 한 명 있어. 편의점 있는 건물 2층에 사는 남자인데, 만날 수염도 안 깎고 운동복 차림에 지저분하게 다니더라고."

제인이도 생각난 듯 말했다.

"아! 맞아, 그 아저씨 좀 이상하더라. 직업도 없나 보던데."

"그래?"

두산이와 하재도 수상하다는 반응을 보이자 영웅이는 문득 어젯밤에 있었던 일이 생각났다. 영웅이가 편의점에 아이스크림을 사러 갔을 때 그 남자가 있었다.

"어젯밤에도 편의점에서 봤는데 꽤 비싸 보이는 포도주를 사더라고. 직업도 없고 돈도 없어 보이는 사람이 어떻게 그렇게 비싼 포도주를 마시지?"

제인이도 뭔가 떠올랐는지 깜짝 놀라 소리쳤다.

"어떡해. 정말 그 사람인가 봐!"

"왜?"

"일주일쯤 전에 나도 그 남자를 봤어. 지하 방 할머니의 시장바구니를 들어 드리고 있었어."

두산이가 놀라 말했다.

"그럼 그때 할머니 집에 가 보고 나서 범행을 계획한 건가? 돈을 노리고?"

"할머니는 가난한 분이라며?"

하재가 의문을 제기했지만 두산이는 당연하다는 듯 말했다.

"있는 줄 알았겠지."

부잣집이나 좀 더 넉넉한 집도 많은데, 하필이면 가난하고 불쌍한 할머니 집에 들어가 강도짓을 했다는 게 이상하기는 하다. 하지만 우리 동네에서 가장 수상한 사람을 꼽는다면 단연 그 남자다. 하재가 간단명료하게 정리했다.

"경찰에 신고해."

하지만 영웅이는 반대했다.

"그 정도로는 범인이라는 증거가 안 돼. 좀 더 확실한 걸 잡아야지."

제인이도 동의했다.

"맞아. 범인이 아닌 사람을 잘못 신고했다가는 무고죄로 처벌을 받을 수도 있어. 또 증거가 불충분한 상태에서 조사받다가 범인이 쉽게 풀려나면 그대로 멀리 도망칠 수도 있고."

영웅이가 말했다.

"우리가 증거를 찾아보자. 일단 미행해 보는 거야."

아이들은 곧바로 남자의 집 근처로 갔다. 편의점 2층으로 올라가는 계단 밑에 숨어 살피는데 한참 기다려도 아무 기척이 없었다. 두산이가 걱정스런 표정으로 말했다.

"벌써 도망간 거 아닐까?"

그럴지도 모른다. 그런데 바로 그때, 2층 현관문이 열렸다. 하재가 재빨리 보고 말했다.

"숨어!"

역시 하재는 눈이 빠르다. 아이들은 얼른 계단 밑에 몸을 숨겼다. 상황을 모르는 남자는 천천히 계단을 내려와 편의점으로 들어갔다. 그리고 잠시 후 검은 봉지를 하나 들고 나오더니 집이 아닌 다른 곳으로 느릿느릿 걸어갔다. 영웅이가 따라가 보자는 눈짓을 보내자 아이들은 민첩하게 남자의 뒤를 밟기 시작했다.

남자는 공원으로 가 벤치에 앉았다. 그러고는 봉지에서 아이스크림을 꺼내 한가롭게 먹었다. 아이들은 화장실 뒤에 숨어 그 모습을 지켜봤다. 제인이가 의아한 표정으로 말했다.

"진짜 범인이라고 하기엔 너무 여유로운데?"

두산이가 말했다.

"파렴치한일 수도 있지. 사람을 죽이고도 아무렇지 않은. 요즘 병적으로 그런 사람들이 많대."

정말 그런 걸까? 아이들은 다시 남자를 봤다. 그런데 없었다. 잠깐 사이에 눈앞에서 사라져 버린 것이다. 그때 뒤에서 소리가 났다.

"너희들 뭐야?"

뒤를 돌아보니 맙소사! 그 남자였다! 아이들은 갑작스레 나타난 남자에 기겁했다. 남자가 영웅이에게 지저분한 얼굴을 들이밀며 무섭게 물었다.

"왜 날 미행하는 거지?"

그러자 두산이가 재빨리 남자의 한쪽 팔을 붙잡으며 소리쳤다.

"제인아, 빨리 성 반장님께 전화해."

"어? 어. 알았어."

제인이가 휴대전화를 꺼내자 남자가 다른 팔로 제인이의 전화를 빼앗으려 했다.

"지금 뭐 하는 거야?"

그 찰나, 하재가 남자의 팔을 붙잡았고 영웅이도 재빨리 남자의 한쪽 다리를 잡고 늘어졌다.

"아저씨가 범인이잖아요."

아이들에게 두 팔을 다 붙잡힌 남자가 버둥거리며 말했다.

"범인이라니? 무슨 범인?"

영웅이가 남자의 다리를 더 세게 틀어쥐며 소리쳤다.

"김복순 할머니 살인 사건이요!"

"김복순 할머니가 누군데?"

그러자 두산이도 소리쳤다.

"아저씨가 죽였잖아요. 돈 빼앗으려고."

남자는 기막힌 듯 외쳤다.

"그게 무슨 소리야? 난 그 할머니가 누군지도 몰라."

그때였다. 제인이가 전화를 끊으며 말했다.

"성 반장님 곧 오신대."

남자가 다시 소리쳤다.

"난 그 할머니 모른다니까."

"아저씨가 할머니 시장바구니를 들어 주는 척하면서 꾸민 일이잖아요. 제가 다 봤어요."

"시장바구니?"

제인이의 말에 그제야 생각이 났는지 남자가 갑자기 얌전해졌다. 그리고 놀란 듯 멍한 얼굴로 물었다.

"그 할머니가 돌아가셨어?"

두산이가 남자의 팔을 더 꼭 붙들며 말했다.

"모르는 척하지 말아요!"

남자는 포기한 듯 가만히 있었다. 얼굴엔 당황한 기색이 역력했다.

범인을 잡다

"범인을 잡았다고?"

성 반장이었다. 영웅이가 자신 있게 말했다.

"네. 이 사람이에요."

그런데 남자를 본 성 반장은 깜짝 놀라는 눈치였다.

"서, 선……!"

그때 남자가 눈을 찡긋했다. 마치 말하지 말라는 뜻처럼. 하재가 그 모습을 똑똑히 목격했다. 뭔가 이상했다.

'둘이 아는 사이인가?'

남자의 눈짓에 따라 성 반장이 서둘러 모르는 척하는 게 더 수상했다. 남자가 갑자기 아픈 척하며 말했다.

"아, 아. 아파. 좀 풀어 줘."

"풀어 주면 도망가려고요?"

두산이가 남자의 팔을 더 세게 꺾자, 남자는 성 반장에게 화를 냈다.

"형사님, 죄 없는 시민을 이렇게 막 괴롭혀도 되는 겁니까?"

"아이들이 범인이라고 하는 데는 이유가 있겠죠. 얘들아, 이 아저씨가 범인이라는 증거가 뭐지?"

영웅이가 남자의 수상한 점을 이야기하자 성 반장은 묘한 웃음을 지으며 말했다.

"거참 정말 수상하네."
남자가 소리쳤다.
"그게 뭐가 수상해!"
그러자 성 반장이 갑자기 형사 수첩을 꺼내 펼치며 근엄한 투로 말했다.

"어허! 자, 이름! 이름이 뭐죠?"
남자는 기막혀했다.
"그만해라. 혼난다."
"와, 이제 반장님한테 협박까지 하네요."
영웅이가 황당해하자, 성 반장이 더 크게 소리쳤다.
"그러게 말이야. 이름!"
남자는 할 수 없이 말했다.
"이상해."
"이상하긴 뭐가 이상해요? 이름이 뭐냐고요?"
성 반장이 실실 웃으며 말하자 남자는 더 약이 올라 소리쳤다.
"이름이 이상해라고!"
"아! 이상해 씨. 이름 참 이상하네. 얘들아, 용의자를 찾았으면 일단 알리바이부터 확인해야지."
맞다! 그 생각을 못 했다. 아마추어같이. 명색이 CSI인데 말이다.

성 반장이 물었다.

"부검을 해 봐야 정확히 알겠지만 대략의 사건 발생 추정 시각이 어젯밤 11시 30분부터 오늘 새벽 2시 사이입니다. 그때 뭐 했죠?"

"뭐 하긴, 뭐 해. 집에서 잤다."

"본 사람이 있나요?"

"없다. 혼자 산다."

계속 반말이다. 역시 나쁜 사람이다. 나이도 그리 많아 보이지 않는데, 형사한테 반말을 하다니. 성 반장이 말했다.

"그럼 진짜 수상하네."

"아, 진짜! 내가 범인이라는 증거 있어? 범행 현장에서 내가 범인이라는 증거가 나왔냐고?"

"물론 그건 아직 안 나왔지만……."

성 반장이 대답하는데 휴대전화가 요란하게 울렸다. 성 반장이 얼른 전화를 받았다.

"감식 결과 나왔어? 누구야? 뭐?"

갑자기 성 반장의 얼굴이 굳어지더니 전화를 끊었다. 그리고는 의아한 표정으로 남자에게 물었다.

"선배, 어떻게 된 거예요?"

선배? 선배라고? 아이들은 어리둥절했다. 수상한 남자가 성 반장의 선배라는 말인가?

용의자가 이상해 153

"사건 현장에서 지문이 나왔어요. 그런데 그 지문이 선배 거래요."

"뭐? 정말?"

남자도 놀라 되물었다. 그렇다면 정말 이 남자가 범인이라는 뜻이다. 게다가 성 반장의 선배라니, 아이들은 놀란 표정으로 서로를 쳐다봤다. 남자가 물었다.

"지문이 어디에서 나왔는데?"

"다른 데 지문은 다 지워져 있는데, 싱크대 위에 있던 사과 봉지에서만 지문이 나왔어요."

성 반장이 존댓말까지 쓰는 걸 보니 정말 선배가 맞나 보다. 남자, 아니 이상해가 고개를 갸웃하더니 생각난 듯 말했다.

"아, 그거! 내가 어제 낮에 할머니께 갖다 드린 거야. 집에 안 계시기에 문 앞에 두고 왔지."

성 반장이 말했다.

"선배, 일단 경찰서로 같이 가셔야겠는데요."

그러자 이상해는 기막혀하며 소리쳤다.

"난 아니라니까!"

하지만 성 반장은 아랑곳하지 않고 이상해의 팔짱을 끼더니 아이들에게 말했다.

"고맙다. 이 사람은 내가 데려갈게."

아이들은 조금 미심쩍었다. 선배라고 하더니, 은근슬쩍 놓아주려는 건 아닐까? 하지만 형사가 데려가겠다는데 막을 수도 없는 일. 이상해는 툴툴거리며 성 반장을 따라갔다.

"우리가 진짜 범인을 잡았네."

두산이가 뿌듯해하자 하재가 말했다.

"소 뒷걸음치다 쥐 잡은 격이지."

"그게 무슨 말이야?"

영웅이의 질문에 제인이가 하재 대신 설명했다.

"생각지도 않은 일이 우연히 이루어졌다는 뜻이야."

맞는 말이다. 이상해가 의심스럽긴 했지만 진짜 범인이었다니!

"그러니까 CSI지. 하하하!"

영웅이가 의기양양하게 말했다. 아이들은 다음 날 다시 만나기로 약속하고 헤어졌다.

또 다른 오해

영웅이가 집에 들어가자마자 엄마가 호들갑을 떨며 물었다.

"고영웅, 너 또 누구 잡았다며?"

"어떻게 아셨어요?"

"앞집 아줌마가 운동하러 공원에 갔다가 봤대."

빠르다. 소문이 완전 LTE급이다. 고모가 물었다.

"누굴 잡았는데?"

영웅이는 사건과 범인에 대해 상세하게 설명했다. 그런데 고모가 놀라 되물었다.

"뭐? 범인이 편의점 2층에 사는 남자라고?"

"응. 왜? 고모도 알아?"

"아, 아니."

고모는 황급히 부인했다. 그러자 옆에 있던 사리가 말했다.

"아는 사람 맞네."

"모른다니까."

극구 부인하니 더 수상하다. 엄마가 끈질기게 물었다.

"그 남자 예전에도 나쁜 짓 했어요? 재판에서 만났었나 보죠?"

"아니, 그게 아니라 편의점에서 봤어요. 나쁜 사람 같지는 않던데. 어리바리해서 그렇지."

"어머, 더 수상하네. 고모가 나쁜 사람으로 안 보는 남자도 있어요?"

영웅이도 엄마의 말에 깊이 공감한다. 고모는 자기가 서른 살이 넘도록 모태솔로인 이유는 세상 남자들이 다 늑대이기 때문이라는 말을 수없이 해 왔다. 고모가 설명했다.

"며칠 전에 주전부리 좀 사려고 편의점에 갔는데, 치즈포가 딱 하나 남아 있었어요. 그런데 내가 막 집으려고 손을 뻗는 순간, 누가 잽싸게 가로채더라고요."

용의자가 이상해 157

"치즈포라면 고모가 제일 좋아하는 거잖아요?"

"맞아요, 언니. 제가 그걸 얼마나 좋아하는지 아시죠?"

"대단한 치즈포 사랑이죠."

고모랑 엄마가 얘기하는데 사리가 또 끼어들었다. 영웅이도 잘 안다. 고모가 자다가도 벌떡 일어나는 게 바로 치즈포라는 걸. 그런데 그 좋아하는 치즈포를 뺏기고 가만히 있을 고모가 아니다. 엄마가 물었다.

"그래서 어떻게 됐어요? 뺏겼어요?"

"그럴 리가."

사리가 다시 끼어들었다. 그래, 그럴 리가 없다.

"당연하죠. 내가 왜 뺏겨요. 잘 설득해서 돈도 반반 내고, 치즈포도 반반씩 나눠 가졌죠."

"어머, 그 남자 쫀쫀하다. 그냥 양보하지."

엄마가 치사하다고 하자 고모도 맞장구쳤다.

"맞아요. 그런데 자기도 제일 좋아하는 게 치즈포라서 다 양보할 수는 없다나 뭐라나. 아무튼 좀 어리바리해 보이더라고요."

"그렇다고 뭐 나쁜 사람이 아니라는 법 있나요? 고모는 변호사가 왜 이렇게 순진해요?"

순진하다고? 고모가? 엄마의 얘기에 영웅이와 사리는 서로 쳐다보며 고개를 저었다. 고모가 그걸 보고 둘의 머리를 콕 쥐어박았다.

"너희 둘! 지금 내가 순진하지 않다는 거야?"

영웅이와 사리는 방금 전보다 더 세차게 고개를 저었다. 잘못하다가는 불똥이 튈 수 있으므로.

다음 날, CSI는 학교가 끝나자마자 다시 모였다. 그리고 어제 사건이 어떻게 끝났는지 알아보기 위해 경찰서로 향했다. 그런데 이게 누군가! 이상해가 아닌가! 아이들이 깜짝 놀라 말했다.

"헉! 이상해다!"

왜 범인이 거리를 활보하고 다니는 걸까? 그때 아이들의 목소리를 들었는지 이상해가 고개를 돌렸다. 아이들은 저도 모르게 뒷걸음질을 쳤다. 언제나 의연하던 하재도 긴장한 듯했다.

"혹시 우리한테 복수하려고 탈출한 거 아니야?"

제인이가 말했다.

"아무래도 위험해. 도망가자."

이상해가 잘 걸렸다는 듯 아이들에게 손짓하며 말했다.

"너희들, 이리 와 봐!"

그때였다.

"뛰어!"

영웅이가 외치자마자 아이들은 정신없이 뛰기 시작했다. 하재의 말대로 정말 아이들에게 복수하기 위해 탈출한 걸까? 이상해는 잔뜩 화난 얼굴로 아이들을 쫓아왔다.

"거기 서!"

서란다고 서는 사람이 어디 있는가. 도망가는 중인데. 그런데 큰 키에 비해 민첩하지 못한 하재가 결국 잡히고 말았다. 이상해가 씩씩거리며 말했다.

"내가 서라고 했지."

제인이가 놀라 소리쳤다.

"어떡해. 하재가 잡혔어."

앞서 뛰던 영웅이와 두산이도 멈춰 섰다. 의리가 있지, 하재가 잡혔는데 그냥 도망갈 수는 없다. 영웅이가 이상해에게 달려들며 제인이에게 말했다.

"제인아, 빨리 전화해."

성 반장에게 전화하라는 말. 두산이도 달려들었다. 하지만 영웅이도, 두산이도 순식간에 이상해에게 제압당하고 말았다. 마침 성 반장이 전화를 받자 제인이가 다급하게 외쳤다.

"반장님, 범인이 도망쳤어요. 여기 편의점 앞인데, 빨리 오세요."

"누구?"

"어제 그 사람, 이상해요!"

"뭐야? 또 잡았어?"

"지금 영웅이랑 두산이가 당하고 있어요."

"당하고 있다고? 알았어, 지금 갈게."

전화를 끊고 보니 영웅이랑 두산이는 벌써 이상해에게 붙잡혀 있었다. 하재가 놀란 표정으로 물었다.

"오신대?"

제인이가 고개를 끄덕이고 소리쳤다.

"성 반장님이 지금 오신대요. 죄 없는 아이들을 잡고 있으면 안 되는 거 알죠? 그러니까 더 큰 죄를 짓고 싶지 않으면 빨리 친구들을 놔줘요!"

"성 반장? 오, 그래 잘됐다. 빨리 오라고 해."

잠시 후.

"선배님!"

성 반장이었다. 그런데 도리어 이상해가 소리쳤다.

"성 반장, 애들 좀 어떻게 해!"

"죄송해요."

성 반장이 꾸벅 인사하며 사과했다. 화를 내도 모자랄 판에 죄송하다고? 아이들은 성 반장도 수상했다. 혹시 선배라고 봐주는 게 아닐까?

"애들아, 이 아저씨는 범인이 아니야."

"네? 범인이 아니라고요?"

성 반장의 말에 영웅이가 놀라 물었다.

"그래. 새로운 증거가 나왔어."

두산이도 어리둥절한 표정이었다.

"사과 봉지에서 지문이 나온 건요?"

이상해가 대신 대답했다.

"내가 그랬잖아. 할머니 드시라고 낮에 갖다 놓은 거라고."

성 반장이 설명을 덧붙였다.

"할머니 집에서 50미터쯤 떨어진 곳에 CCTV가 하나 있는데, 이 아저씨가 낮에 사과 봉지를 들고 갔다가 바로 다시 빈손으로 되돌아가는 모습이 찍혀 있었어."

그러자 영웅이가 의문을 제기했다.
"밤에 다시 찾아갔을 수도 있잖아요."
"밤에는 안 찍혀 있었어."
"그쪽 길 말고 반대편으로 갈 수도 있는 거 아닌가요? 반대쪽엔 CCTV 카메라가 없거든요."
제인이의 질문에 성 반장이 설명했다.
"새 증거가 나왔다니까. 그것보다 더 확실한 증거. 지금 다른 용의자를 추적하고 있어."
"누군데요?"
아이들이 동시에 묻자 성 반장은 할 수 없이 대답했다.
"너희는 말릴 수가 없구나! 이름은 장칠봉. 할머니가 폐지를 모아서 가져다 팔던 고물상 주인이야."
"그 사람이 범인이라는 증거는 뭔데요?"
영웅이가 물었다.

"할머니의 통장 심부름을 그 사람이 다 해 줬어. 그런데 할머니의 금융 거래를 조사한 결과 수상한 점이 발견됐지."

아이들은 황당했다. 하지만 성 반장이 아니라는데, 또 이상해보다 더 확실한 용의자가 나왔다는데 더 이상 우길 수는 없었다. 범인을 완전 잘못 짚은 거다. 아이들은 풀 죽은 목소리로 잘못을 빌었다.

"죄송해요."

성 반장이 이상해에게 핀잔을 주었다.

"그러니까 선배, 수염이라도 좀 깎아요."

"됐어. 귀찮아."

"그런데 진짜 이분이 성 반장님 선배예요?"

제인이가 물었다.

"그래. 경찰대학 선배야. 생긴 건 저래도 엄청 유명한 형사다."

그러자 이상해가 소리를 빽 질렀다.

"시끄러! 빨리 가. 범인 잡아야지."

"아, 네. 그럼 전 이만……."

성 반장이 가자 아이들도 꾸벅 인사를 하고 후다닥 자리를 피했다.

 진짜 범인을 잡다

모퉁이를 돌아 이상해가 안 보이자 아이들은 그제야 좀 안심이 됐다.

영웅이가 말했다.

"저 사람이 범인이 아닌 것도 이상하지만, 저 사람이 형사라는 건 더 이상해."

"그래서 이름도 '이상해'인가?"

"푸하하하!"

두산이의 너스레에 모두들 웃음이 터져 버렸다. 제인이가 의문을 제기했다.

"그런데 왜 저러고 다니지?"

맞다. 유명한 형사라는 사람이 노숙자처럼 하고 다니는 이유가 뭘까?

"그런데 금융 거래에 수상한 점이 발견됐다는 게 무슨 얘기야?"

두산이가 묻자 제인이가 설명했다.

"금융이란 이자를 받고 돈을 융통해 주는 것을 말해. 그러니까 은행에 돈을 맡기고 이자를 받거나 반대로 이자를 내고 돈을 빌리는 걸 금융 거래라고 하지. 이런 일을 하는 은행 같은 곳을 금융 기관이라고 하고. 용의자가 할머니의 은행 통장을 관리했다니까, 할머니를 살해한 후 통장에 저축되어 있던 돈을 다 인출해 간 게 아닐까?"

영웅이도 동의했다.

"할머니 대신 통장 심부름을 했다면 비밀번호도 알고, 도장이 어디 있는지도 알고 있었겠지."

"고양이한테 생선을 맡긴 격이군."

하재의 얘기에 두산이는 안타까운 듯 말했다.

"할머니는 왜 그런 사람한테 통장을 맡기셨지?"

"할머니는 글을 전혀 모르셔. 가족도 없으니까 어쩔 수 없으셨겠지."

제인이가 할머니의 사정을 설명했다. 하재가 말했다.

"아마 범인이 일부러 잘해 드렸을 거야. 믿을 수 있게."

그럼 정말 나쁜 사람이다. 그 돈이 어떤 돈이겠는가. 할머니가 힘들게 폐지를 주워 모은 돈이 아닌가. 그런데 그걸 빼앗겠다고 치밀하게 계산해 접근하고 살인까지 저지르다니 말이다.

그런데 잠시 생각에 잠겨 있던 제인이가 뭔가 생각난 듯 말했다.

"잠깐! 할머니가 저금한 돈이 목적이 아닐 수도 있어! 금융 기관이 은행만 있는 건 아니거든. 증권 회사도 있고, 보험 회사도 있어."

두산이가 물었다.

"증권 회사? 그게 뭐하는 곳인데?"

"주식이라는 걸 거래하는 곳인데, 주가가 오르면 가격이 오르기 때문에 재산을 불리려는 사람들이 주식을 많이 사. 물론 주가가 내려가면 손해를 보기도 해서 위험을 감수하고 투자하는 거지만."

제인이의 설명에 하재가 말도 안 된다는 듯 물었다.

"그건 돈이 많은 사람들이나 하는 거 아니야?"

"대체로 그렇긴 하지. 하지만 적은 돈으로 투자하는 사람들도 있어. 또 보험은 다르지. 광고에 보면 할머니, 할아버지들한테 묻지도 않고 따지지도 않고 가입시켜 준다는 보험들이 많잖아."

제인이의 설명에 아이들은 고개를 끄덕였다. 그러더니 문득 생각이 난 제인이.

"그래! 며칠 전 우리 할머니가 그 할머니 댁에 다녀오시더니, 아직까지 세상엔 좋은 사람이 많다고 하시는 거야. 어떤 사람이 그 할머니 건강을 걱정해서 보험을 세 개나 들어 줬다면서."

아이들이 동시에 소리쳤다.

"보험을 세 개나?"

"보험을 들어 주는 대신 뭔가 노리는 게 있었던 게 아닐까?"

하재의 질문에 제인이가 대답했다.

"그럴지도 몰라. 우리 할머니께 다시 한 번 여쭤 보자."

아이들은 제인이의 할머니가 일하는 구청으로 갔다. 할머니가 대답했다.

"집에 보험 서류가 잔뜩 있었어. 다 뭐냐고 물었더니, 보험을 들었다고 했지. 세 개나. 그런데 보니까 보험료를 하나당 한 달에 30만 원 넘게 내야 되더라고."

주식이란?

회사를 세우거나 사업을 할 때는 많은 돈이 필요해. 그래서 회사는 주식이라는 증서를 만들어 팔아서 그 돈을 마련해. 이런 회사를 '주식회사'라고 하고, 주식을 산 사람들을 '주주'라고 하지. 다시 말해 주주는 주식을 가지고 직접 또는 간접적으로 회사 경영에 참여하는 회사의 주인이야. 주식의 값(주가)은 회사의 경제 사정과 성과에 따라 날마다 오르락내리락해.

"그럼 세 개면 100만 원이나 되겠네요?"

영웅이가 놀라 물었다.

"그렇지. 그래서 내가 달마다 어떻게 이렇게 큰돈을 내냐고 했더니, 깜짝 놀라는 거야. 이게 다달이 100만 원이나 내는 거냐고."

"그럼 얼마씩 내는지도 모르고 가입하셨대요?"

제인이의 물음에 할머니가 대답했다.

"그래. 그리고 자기가 내는 게 아니래. 자식 같은 사람이 있는데 그 사람이 들어 두면 든든하다고, 아플 때 병원비도 나오니까 유용할 거라면서 들어 줬다는 거야."

제인이가 영웅이에게 말했다.

"그렇다면 보험 사기가 아닐까? 요즘 뉴스에도 많이 나오잖아. 일부러 보험을 많이 들고 보험금 타려고 교통사고를 내거나, 보험에 든 사람을 몰래 살해하고 보험금을 타 내는 사건들."

영웅이가 놀란 표정으로 말했다.

"그럼 김복순 할머니와 잘 알고 지내던 범인이 강도로 위장해 살해한 거네. 보험금을 타려고 처음부터 계획적으로 접근한 거고."

보험 사기란?

보험 사기란 보험에 가입한 후 사고를 당했다고 거짓 신고를 하거나, 일부러 사고를 내거나, 또는 범행을 저질러 보험금을 타 내는 범죄를 말해. 최근에는 보험 사기가 급격하게 늘고 있는 데다 수법이 다양해지고 중대 범죄와 관련되는 등 점점 수단과 방법을 가리지 않고 있어 큰 사회적 문제가 되고 있어.

엄청난 발견이다. 아이들은 곧바로 경찰서로 갔다. 그러나 성 반장은 자리에 없었고 영웅이가 전화를 걸어도 받지 않았다.

그때였다. 뒤에서 시끄러운 소리가 들렸다.

"들어가, 빨리!"

돌아보니, 성 반장이 한 남자를 끌고 들어오고 있었다. 영웅이가 다급하게 말했다.

"반장님! 장칠봉이라는 사람이 노린 건 할머니의 저금통장이 아닌 것 같아요."

제인이도 거들었다.

"범인은 보험금을 노린 거예요."

성 반장이 끌고 들어온 남자를 자리에 앉히며 말했다.

"너희가 그걸 어떻게 알았어?"

그 얘기는 성 반장도 벌써 알고 있다는 뜻? 그럼 아까 금융 거래에서 수상한 점이 발견됐다고 했을 때 이미 보험 사기를 의심하고 수사 중이었나 보다.

"김복순 할머니가 보험을 세 개나 들었더라고. 모두 합치면 사망 시 보상금으로 1억을 받게 되어 있는데, 보험금을 받을 사람이 바로 이 사람, 장칠봉이었지."

성 반장이 방금 잡아 온 남자를 가리키며 말했다. 다행히 벌써 범인이 잡힌 것이다. 역시 진짜 형사는 한발 빨랐다.

그런데 장칠봉은 고개를 빳빳이 들고 소리쳤다.

"난 모르는 일이에요. 보험은 할머니가 아프실 때 치료비로 쓰시라고 좋은 마음으로 들어 드린 거라고요."

"그런데 왜 보험금 받는 사람을 당신 이름으로 했어요?"

성 반장의 질문에 장칠봉은 억울한 표정으로 대답했다.

"할머니가 고맙다며 자신은 가족이 없어서 죽은 뒤에 줄 사람도 없으니, 제 이름을 쓰라고 해서 그렇게 한 거예요. 내가 그런 게 아니라고요."

제인이가 물었다.

"아저씨가 그렇게 돈이 많아요? 아무리 마음씨가 좋아도 그렇지, 다른 사람의 보험료로 한 달에 100만 원이 넘는 돈을 내준다는 게 말이 돼요?"

"내 말이! 그러니까 빨리 자백해요. 괜히 시간만 끌지 말고."

성 반장이 다그치자 장칠봉은 또 다른 주장을 펼쳤다.

"심증 말고 내가 할머니를 죽였다는 증거가 없잖아요. 안 그래요?"

그때였다.

"당연히 있죠. 증거."

언제 왔는지 이상해가 뒤에 서 있었다. 그런데 이게 무슨 냄새인가. 머리가 아찔할 정도로 지독한 냄새가 풍겼다. 가뜩이나 노숙자같이 하고 다니는 사람이 퀴퀴한 냄새까지 풍기니 정말 더러워 보였.

성 반장도 못 참겠는지 코를 킁킁대며 말했다.

"흠흠. 아이참, 선배! 이게 무슨 냄새예요?"

그러자 이상해는 책상 위에 들고 있던 검은 봉지를 내려놓으며 말했다.

"무슨 냄새긴. 쓰레기 냄새지. 킁킁. 뭐 별로 안 나네."

별로 안 나긴. 아이들은 냄새가 너무 심해 재빨리 코를 틀어막았다. 이상해가 검은 봉지를 열어 보이며 말했다.

"장칠봉 씨, 이거 당신이 버린 칼이죠?"

장칠봉은 소스라치게 놀라는 표정이 역력했다. 이상해가 말했다.

"버리려면 좀 멀리 버리든가, 아니면 깨끗이 씻어서 버리지. 성 반장, 이거 고물상 뒤쪽에 있는 쓰레기 더미에서 발견했어. 혈흔이 묻어 있으니까 할머니 혈흔이 맞는지 확인해 봐."

그러자 이제까지 자기가 한 일이 아니라고 우기던 장칠봉은 갑자기 울음을 터뜨리며 말했다.

"흑흑흑. 잘못했어요. 빚이 너무 많아서. 흑흑흑."

장칠봉은 모든 걸 털어놓았다. 처음에는 할머니를 어머니같이 생각하고 진심으로 잘해 드렸단다. 그런데 고물상 경영이 어려워지면서 여기저기 빚을 많이 지는 바람에 자신도 괴로웠다고 했다. 결국 보험 사기를 계획했고, 가족이 없는 김복순 할머니를 범행 대상으로 삼았다는 것. 그렇게 김복순 할머니 살인 사건의 범인은 장칠봉으로 밝혀졌다.

영웅이는 신기한 듯 물었다.

"그런데 이 형사님은 어떻게 아셨어요?"

이상해도 처음에는 강도 살인 사건인 줄 알았는데 집 안에 통장과 도장이 그대로 남아 있는 게 수상했단다. 그러던 중 할머니가 보험을 든

사실을 알아냈고, 끈질기게 뒤져 범행 도구도 찾아낸 것이라고 했다.

이상해. 이상하게 생긴 데다 행동도 이상한데, 진짜 형사가 맞긴 맞나 보다. 아이들은 쓰레기까지 뒤지며 증거를 찾아내 범인을 꼼짝 못하게 만든 이상해가 좀 달라 보였다.

제인이가 들려주는 사건 해결의 열쇠

강도의 소행인 줄 알았는데, 보험금을 노린 살인 사건이었음을 알아낸 것은 금융과 금융 기관이 하는 일에 대해 잘 알았기 때문이야.

💡 금융 기관이란?

금융이란 돈을 융통, 즉 돌려쓰는 것을 말해. 이 일을 담당하는 기관을 금융 기관이라고 하는데, 금융 기관 하면 낯선 것 같지만 ○○ 은행, ○○ 증권, ○○ 보험 등이 모두 금융 기관이야.

금융 기관은 돈이 남는 곳에서 부족한 곳으로 잘 흐를 수 있도록 많은 일을 해. 그 덕분에 돈이 필요한 사람들에게 도움을 주고 경제가 발전할 수 있어. 금융 기관은 사람들에게 수수료나 이자를 받아 운영하고 이익을 내지.

〈금융 기관이 하는 일〉

💡 대표적인 금융 기관, 은행

은행은 주로 사람들의 돈을 맡아 주거나, 돈이 필요한 사람에게 빌려 주는 일을 하는 대표적인 금융 기관이야. 저축으로 모인 돈을 돈이 필요한 사람들이나 회사에 더 높은 이자를 받고 빌려 주고 원금(원래의 돈)을 다시 되돌려 받지.

은행은 '일반 은행'과 '특수 은행'으로 나눌 수 있어. 저축을 받고 돈을 빌려 주는 은행들이 일반 은행이고 화폐를 발행하는 중앙은행인 한국은행, 외국에 투자하거나 수출입에 필요한 자금을 지원하는 일을 담당하는 한국수출입은행 등은 특수 은행이야.

〈일반 은행과 특수 은행〉

💡 다양한 금융 기관들

은행 외에도 보험 회사나 증권 회사 등 다양한 금융 기관이 있어.

보험 회사는 위험에 대비하기 위해 만들어진 금융 기관이야. 사람들이 평소에 보험료를 조금씩 내면 갑자기 사고를 당해 큰돈이 필요할 때 보험 회사가 돈을 지급해 줘.

증권 회사는 회사의 주식을 사고파는 금융 기관이야. 회사에서 주식을 발행하면 여윳돈이 있는 사람이 그 회사 주식을 살 수 있어. 회사는 그렇게 모은 돈으로 사업을 벌여 수익을 내고, 주식을 산 사람은 주식의 가치가 올라 수익을 얻지. 그런데 회사가 수익을 내지 못하면 주가가 떨어져 주식을 산 사람이 손해를 볼 수도 있으니 잘 따져 보고 선택해야 해.

이외에도 우리나라에는 새마을금고, 우체국, 신용협동조합, 자산운용회사와 같은 다양한 금융 기관이 있어.

〈다양한 금융 기관들〉

💡 노벨 평화상을 받은 은행

은행이 어떻게 노벨 평화상을 받았냐고? 잘 들어 봐.

이 은행을 세운 사람은 방글라데시의 무함마드 유누스야. 미국에서 경제학을 공부하고 고향에 돌아온 유누스는 깜짝 놀랐어. 가난한 사람들이 너무 많았기 때문이야. 가난한 사람들은 ※담보가 없어 은행에서 돈을 빌리지 못

했고, 대신 이자가 비싼 곳에서 돈을 빌려야 했어. 그걸 갚느라 열심히 일을 해도 돈을 모을 수 없었지.

>*담보
>돈을 빌리는 대신 값어치가 있는 물건 등을 맡기는 것. 만약 은행에서 빌린 돈을 갚지 못하면 담보로 맡긴 물건은 은행이 갖게 돼.

유누스는 이 문제를 해결하기 위해 그라민 은행을 만들었고 가난한 사람들에게 담보 없이 돈을 빌려 주었어. 그라민은 방글라데시 말로 '마을'이란 뜻이야. 가난한 사람들은 그라민 은행에서 돈을 빌려 처음에는 중고 재봉틀을 사고, 다음에는 송아지 한 마리를 사고, 그다음엔 손수레 등을 사 돈을 벌 수 있는 일을 했어. 그러면서 점차 가난에서 벗어나기 시작했고 저렴한 이자 덕분에 빌린 돈도 잘 갚았지. 은행의 도움을 받은 사람들이 스스로 가난을 떨쳐 내게 된 거야. 유누스는 그라민 은행과 함께 2006년에 노벨 평화상을 받았어.

〈그라민 은행〉

그러니까 생각해 봐. 강도가 저지른 사건인 줄 알았는데 **금융 거래에서 수상한 점**이 발견됐지. 결국 할머니에게 **보험을 들어 준 뒤 살해함으로써 사망 보험금을 가로채려 했던 사건**임을 밝혀낸 거야.

CSI, 스승을 만나다

특별 부록

CSI, 함께 놀며 훈련하다!

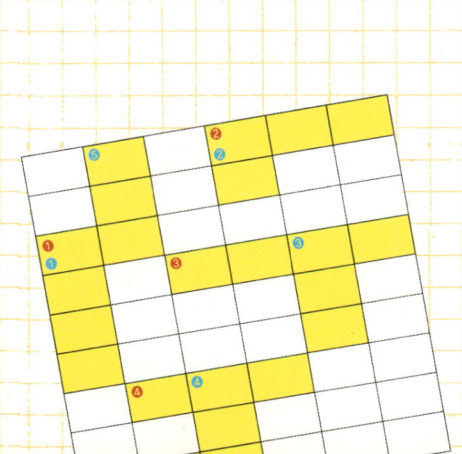

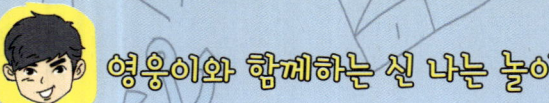

1 공공 기관 사다리 타기

재미있는 사다리 타기를 해 볼까? 공공 기관이 어떤 일을 하는지 알 수 있지.

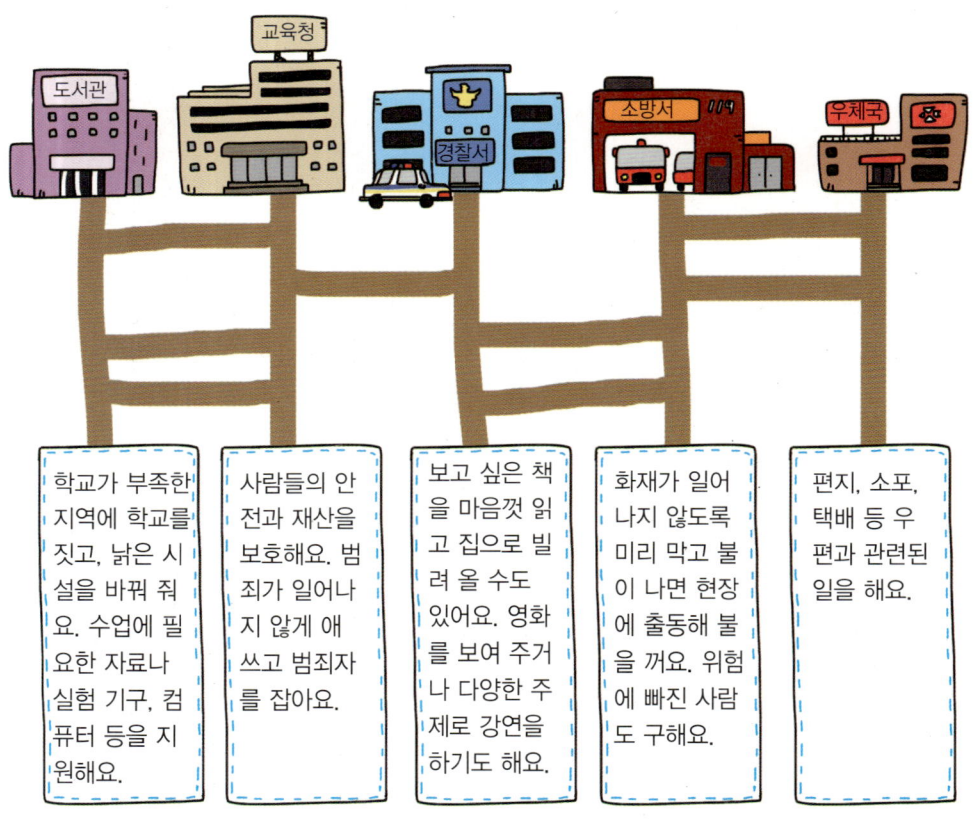

학교가 부족한 지역에 학교를 짓고, 낡은 시설을 바꿔 줘요. 수업에 필요한 자료나 실험 기구, 컴퓨터 등을 지원해요.

사람들의 안전과 재산을 보호해요. 범죄가 일어나지 않게 애 쓰고 범죄자를 잡아요.

보고 싶은 책을 마음껏 읽고 집으로 빌려 올 수도 있어요. 영화를 보여 주거나 다양한 주제로 강연을 하기도 해요.

화재가 일어나지 않도록 미리 막고 불이 나면 현장에 출동해 불을 꺼요. 위험에 빠진 사람도 구해요.

편지, 소포, 택배 등 우편과 관련된 일을 해요.

이 밖에 보건소, 주민 센터, 시청, 마을 회관 등도 공공 기관이야. 홈페이지를 찾아보거나 주변 공공 기관을 직접 찾아가 어떤 일들을 하고 있는지 알아봐.

② 경찰관은 무슨 일을 할까?

경찰관들이 어떤 일을 하는지 알아볼까? 또 경찰 체험을 하는 곳에 가서 직접 체험해 보는 것도 좋겠지?

❶ 어린이 경찰청 홈페이지(kid.police.go.kr)에 들어간다.

❷ 경찰이 무슨 일을 하는지 알아본다.

❸ 매년 모집하는 명예경찰 소년단에 지원하면 지구대 현장 체험을 비롯해 교통 캠페인 및 질서 활동, 학교 폭력 방지 활동 등 다양한 체험을 할 수 있다.

경찰관은 교통 단속을 하고, 잃어버린 물건을 찾아 주거나 길을 찾아 주는 일을 해. 또 범죄를 예방하고 범죄 사건을 수사하고 범인을 잡는 등 국민의 생명과 재산을 보호하기 위해 아주 많은 일을 하지. 그 덕분에 우리는 안전하고 편안하게 지낼 수 있어.

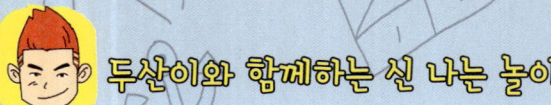

❶ 보물을 찾아라!

지도하면, 역시 보물 지도지. 지도 기호와 방향만 잘 알아내서 찾아간다면 엄청난 보물을 얻을 수 있으니까. 자, 그럼 보물을 찾아볼까?

❶ ⏡ 에서 서쪽으로 가기
❷ 🚩 에서 북쪽으로 가 ⏝ 를 찾기
❸ ⏝ 를 건너 동쪽으로 가 ◉ 을 찾기
❹ ◉ 의 동쪽에 있는 ✹ 에 보물이 있지. 그곳은 어디지?

논, 학교, 다리, 시청을 나타내는 지도 기호를 알면 쉬울 거야. 그리고 방위표를 보면 동서남북이 어딘지 알 수 있지. 지도를 보면 모르는 길도 쉽게 찾을 수 있어서 우리 생활이 편리해지지. 어때? 보물을 찾았어?

❷ 우리 동네 공공 기관 지도 그리기

우리 동네 지도를 그려 볼까? 이번엔 특별히 소방서, 경찰서, 우체국 등 공공 기관을 찾을 수 있는 지도를 그려 보는 거야.

❶ 직접 가 보거나 인터넷 지도를 이용해 공공 기관의 위치를 알아 둔다.

❷ 먼저 방위를 정하고 방위표를 그린다.

❸ 산과 강, 큰길, 작은 길을 그린다.

❹ 공공 기관의 위치를 표시한다.

동네의 공공 기관을 한눈에 볼 수 있는 지도를 만들면 생활하는 데 아주 편리할 거야. 복사해서 친구들에게 나눠 주는 것도 좋겠지? 그 부에 공원, 운동장, 놀이 시설 등을 표시한 우리 동네 놀이터 지도나 맛있는 음식점을 소개하는 우리 동네 맛집 지도 등 다양한 주제로 지도를 그려 봐.

❶ 삼국 시대 낱말 맞추기

가로 열쇠, 세로 열쇠를 잘 읽어 보고 낱말 맞추기를 해 봐. 삼국 시대에 대해 잘 알 수 있을 거야. 친구와 누가 더 많이 맞히나 내기를 해도 재밌지.

〈가로 열쇠〉

❶ 신라의 도읍지로 지금의 경주는?
❷ 우리나라는 삼면이 바다로 둘러싸인 반도야. 그래서 우리 국토 전역을 무슨 반도라고 부를까?
❸ 영토를 확장하고, 중국, 왜와도 교류하는 등 4세기에 백제가 전성기를 맞았을 때의 왕은?
❹ 신라 화랑의 지도자로 신라가 삼국 통일을 하는 데 큰 역할을 한 장군은?
❺ 알에서 태어나 금관가야를 건국한 왕은?

〈세로 열쇠〉

❶ 6가야 중 대표적인 국가로 철이 많아 철 교역을 주도한 나라는?
❷ 한반도 중심에 있는 강으로, 삼국이 차지하기 위해 애썼던 강은?
❸ 주몽이 압록강 부근의 졸본 지역에 세운 나라는?
❹ 고구려 제2대 왕으로 도읍지를 국내성으로 옮긴 왕은?
❺ 압록강가에 위치한 곳으로 고구려의 두 번째 도읍지는?

❷ 박물관에서 삼국 시대 구경하기

삼국 시대에 대해 더 궁금해졌지? 그럼 서울 용산구에 있는 국립중앙박물관에 가 봐. 삼국 시대 나라들의 유물과 생활상을 한눈에 볼 수 있어.

❶ 국립중앙박물관에 직접 답사를 간다.

❷ 1층에 있는 선사 고대관에서 고구려실, 백제실, 신라실을 관람한다.

❸ 삼국의 중요한 특징을 수첩에 메모한다.

❹ 어린이박물관에 들러 다양한 체험과 교육 프로그램에 참여한다.

국립중앙박물관 홈페이지(http://www.museum.go.kr)에 들어가 보는 것도 좋은 방법이야. 전시/상설전시/선사 고대관에서 고구려실이나 백제실, 신라실 등을 클릭하면 각종 유물들을 볼 수 있고 그 유물들이 어디에서 출토되었는지, 무엇으로 만들어졌고, 어디에 쓰였는지도 알 수 있어.

 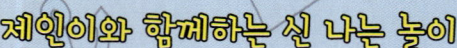

❶ 나만의 돈 만들기

동전이나 지폐를 보면 금액을 나타내는 숫자뿐 아니라 여러 가지 그림이 그려져 있어. 돈에 어떤 그림이 있는지 보고, 나만의 돈을 만들어 볼까?

❶ 가족사진이나 잡지책을 보며 지폐에 넣을 얼굴을 가위로 오린다.

❷ 종이를 가로 15cm, 세로 7cm 크기로 자르고 금액을 쓴다.

❸ 문화재나 자연물을 색연필로 그린다.

❹ 오려 두었던 얼굴 사진을 가운데에 붙인다.

지폐와 동전에는 신사임당과 세종 대왕, 율곡 이이, 퇴계 이황, 이순신 장군 등 우리나라의 대표적인 위인의 얼굴이나 다보탑 같은 문화유산, 아름답고 의미 있는 자연 경관이 들어가 있어. 또 위조를 막기 위해 홀로그램, 색 변환 잉크 등 첨단 위조 방지 장치를 해 놓았지.

2 은행에서 통장 만들기

은행에서 통장을 만들어 볼까? 아직 어른이 아닌 미성년자는 주민 센터에서 필요한 서류를 떼서 은행에 내야 해. 엄마나 아빠에게 부탁해서 해 봐.

❶ 부모님께 부탁해 주민 센터에서 기본증명서와 가족관계증명서를 뗀다.

❷ 서류와 함께 자기 도장, 보호자 신분증을 가지고 은행에 간다.

❸ 은행 직원에게 내고 통장을 만들어 달라고 하고 모아 둔 용돈을 저금한다.

내 이름이 적힌 통장을 받으니 뿌듯하지? 은행에선 돈을 저금하고 찾는 것 말고도 전기 요금 같은 공과금도 낼 수 있어. 외국 돈과 우리나라 돈을 맞바꿀 수도 있고, 이자를 내고 돈을 빌릴 수도 있지. 또 일정 기간 동안 일정한 돈을 저금하는 적금 등의 금융 상품을 팔기도 해.

찾아보기

ㄱ
고구려의 전성기 120, 136
공공 기관 36, 50~51
공공 기관이 아닌 곳 55
공공 기관이 하는 일 52~54
광개토 대왕 120, 136
광개토 대왕릉비 122
그라민 은행과 무함마드 유누스 178~179
근초고왕 120, 135
금융 165, 176
금융 기관 165, 176

ㄷ
담보 179

ㅂ
방위표 76, 93, 97
방향 찾기 78
백제의 전성기 120, 135
변호사가 하는 일 63
보험 사기 170
보험 회사 169, 177

ㅅ
삼국 시대 134
삼국과 가야의 건국 이야기 121
색과 등고선 95, 97
세금 48, 54
신라의 전성기 120, 136~137

ㅇ
우정총국 24
은행 168, 177

ㅈ
장수왕 120, 136
주식 167
증권 회사 166, 169, 178
지도 92
지도 기호 75, 93~94, 97
지방 자치 단체 51
진흥왕 120, 137

ㅊ
축척 94~95, 97

ㅎ
한강 120, 134~135

정답

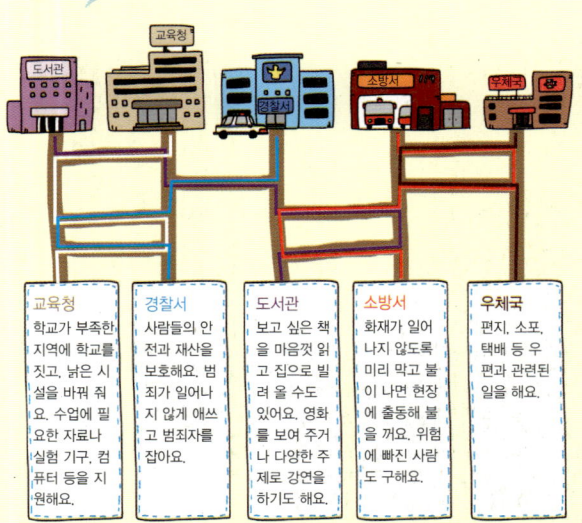

교육청 학교가 부족한 지역에 학교를 짓고, 낡은 시설을 바꿔 줘요. 수업에 필요한 자료나 실험 기구, 컴퓨터 등을 지원해요.

경찰서 사람들의 안전과 재산을 보호해요. 범죄가 일어나지 않게 애쓰고 범죄자를 잡아요.

도서관 보고 싶은 책을 마음껏 읽고 집으로 빌려 올 수도 있어요. 영화를 보여 주거나 다양한 주제로 강연을 하기도 해요.

소방서 화재가 일어나지 않도록 미리 막고 불이 나면 현장에 출동해 불을 꺼요. 위험에 빠진 사람도 구해요.

우체국 편지, 소포, 택배 등 우편과 관련된 일을 해요.

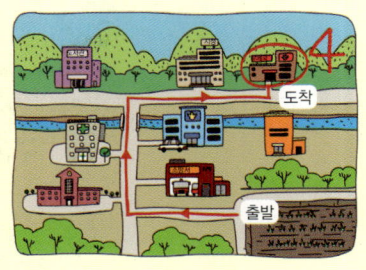

	①국		②한	반	도
	내		강		
①금	성				
관		③근	초	③고	왕
가				구	
야				려	
	④김	⑤유	신		
		리			
⑤수	로	왕			